教育部人文社会科学研究青年基金项目"大数据视域下区域基础教育信息化评估及推进路径研究"（15XJC880008）

# 区域基础教育信息化推进路径研究
## ——以教育信息化 2.0 为背景

刘凤娟 ◎ 著

西南交通大学出版社
·成　都·

图书在版编目（ＣＩＰ）数据

区域基础教育信息化推进路径研究：以教育信息化
2.0 为背景 / 刘凤娟著. —成都：西南交通大学出版社，
2019.9
　ISBN 978-7-5643-7153-1

Ⅰ. ①区… Ⅱ. ①刘… Ⅲ. ①基础教育 – 信息化 – 研
究 – 中国 Ⅳ. ①G639.2-39

中国版本图书馆 CIP 数据核字（2019）第 206085 号

Quyu Jichu Jiaoyu Xinxihua Tuijin Lujing Yanjiu
—Yi Jiaoyu Xinxihua 2.0 wei Beijing

# 区域基础教育信息化推进路径研究
## ——以教育信息化 2.0 为背景

刘凤娟　著

| | | |
|---|---|---|
| 责 任 编 辑 | 李晓辉 | |
| 封 面 设 计 | 严春艳 | |
| 出 版 发 行 | 西南交通大学出版社 | |
| | （四川省成都市金牛区二环路北一段 111 号 | |
| | 西南交通大学创新大厦 21 楼） | |
| 发行部电话 | 028-87600564　028-87600533 | |
| 邮 政 编 码 | 610031 | |
| 网　　　址 | http://www.xnjdcbs.com | |
| 印　　　刷 | 成都勤德印务有限公司 | |
| 成 品 尺 寸 | 170 mm × 230 mm | |
| 印　　　张 | 11.25 | |
| 字　　　数 | 206 千 | |
| 版　　　次 | 2019 年 9 月第 1 版 | |
| 印　　　次 | 2019 年 9 月第 1 次 | |
| 书　　　号 | ISBN 978-7-5643-7153-1 | |
| 定　　　价 | 56.00 元 | |

# 自 序

2016 年 6 月，教育部印发的《教育信息化"十三五"规划》明确指出：信息化已成为国家战略，教育信息化正迎来重大历史发展机遇。而实际上，对比笔者所在的西部地区实际情况来看，我国信息化发展还存在区域差异，需要各地进一步提高认识，转变观念，齐心协力攻坚克难。2018 年 4 月，教育部印发了《教育信息化 2.0 行动计划》，标志着教育信息化从以建设应用为驱动的 1.0 时代进入以融合创新为引领的 2.0 时代。新时代赋予教育信息化新的使命，应充分激发信息技术对教育的革命性影响，将教育信息化作为教育系统性变革的内生变量，支撑和引领教育现代化发展，推动教育理念更新、模式变革和体系重构，实现更加开放、更加适合、更加人本、更加平等、更加可持续的教育。

国家教育信息化战略持续推进，信息技术特别是智能技术不断发展和应用，要求教育工作者不仅需要掌握信息技术教育教学的工具与方法，更需要不断更新教育理念，积极探索"互联网+教育"，实践信息技术应用于教育教学过程的各个环节，推进信息技术与教育教学深度融合，推动基础教育信息化跨越式发展。基础教育信息化的发展离不开国家战略的支持，也更需要充分发挥区域的能动性，反思并积极探索符合各地特点的基础教育信息化发展之路。本书是作者在多年资料研究和成果积累基础上，结合实践经历整理而成的。内容主要从教育信息化 2.0 时代的发展与要求、构建区域基础教育信息化生态环境、加快区域基础教育信息化师资队伍建设、促进信息技术与教育教学的融合创新以及推进大数据支持下的教育信息化监测与评估等方面探索区域基础教育信息化的推进路径，旨在通过自身的研究和资料的分享为广大教育信息化研究者提供一定的参考。著作涉及内容相对广泛，书中的内容难免存在疏漏和片面之处，恳请广大读者批评指正，我们会在后期的研究中不断反思、不断改进。

在著作的撰写过程中，赵蔚教授和郑宽明教授给予了大力支持和悉心指导，在此表示深深感谢！同时感谢汉中市教育信息化管理中心张铮、张剑等老师的热情帮助，感谢陕西理工大学教育科学学院领导与同事们的大力支持，感谢陕西理工大学教育技术学专业学生们的积极协助！另外，本书引用和参考了大量本专业领域专家、学者们的既有成果，这一切都是顺利完成本书的重要保证，在此一并致谢！

刘凤娟

2019 年 3 月 16 日于陕西理工大学

# 目 录

第一章 教育信息化 2.0 时代概览 ……………………………………… 001
　一、研究背景 ……………………………………………… 002
　二、基本要求 ……………………………………………… 013

第二章 构建区域基础教育信息化生态环境 ……………………… 024
　一、区域教育信息化环境生态主体 ……………………… 024
　二、区域教育信息化生态环境绩效 ……………………… 026
　三、区域"三通两平台"生态建设与应用 ……………… 028

第三章 加快区域基础教育信息化师资队伍建设 ……………… 032
　一、校长信息化领导力的提升 …………………………… 032
　二、中小学校信息化教育师资队伍的建设 ……………… 034
　三、教育信息化后备师资的培养 ………………………… 056

第四章 促进信息技术与教育教学的融合创新 ………………… 078
　一、信息技术与学科教学的深度融合 …………………… 078
　二、创新中小学信息技术教育教学 ……………………… 105
　三、培养学生的信息素养 ………………………………… 126

第五章 推进大数据支持下的教育信息化监测与评估 ………… 147
　一、基础教育信息化监测与评估现状 …………………… 147
　二、汉中市基础教育信息化评估现状 …………………… 149
　三、基础教育信息化动态监测 …………………………… 154
　四、大数据支持下的基础教育信息化评估 ……………… 158

参考文献 ……………………………………………………… 164

# 第一章
# 教育信息化 2.0 时代概览

　　教育信息化 2.0 时代的典型特征为创新与引领。我们要准确把握教育信息化 2.0 时代精神，以科学的战略规划引领新方向，以交叉的科学研究把握新规律，以信息技术支持的结构性变革推动信息化教育的创生发展①。从核心理念来看，教育信息化不单单强调教师和学生应全面提升他们的信息素养，而是既要求大家具有创新应用信息技术的能力，还要养成应用信息技术处理问题的意识和习惯，更重要的是实现从应用融合发展向创新引领的提升；从任务目标来看，要由网络化和数字化转变为智能化，再在智能化环境下搭建教育大平台，重新构建以人为本的教育生态，资源共建共享，注重人的全面发展，期望探索出有中国特色的教育信息化发展道路，进而赶超、甚至引领全球教育信息化的发展。

　　北京师范大学副校长陈丽认为,新时代每一个中国人的教育需求,更多的是期待能够接受灵活的、优质的、个性化的、终身的教育……而教育信息化具有变革教育的巨大潜力,用信息技术推动教育理念、实践、理论的创新发展是破解新时代的教育矛盾和推动教育改革发展的重要途径②。教育部高等学校教育技术与方法专业教学指导委员会副主任委员、教育技术教学指导分委员会主任委员杨宗凯教授指出：教育信息化最终在于"化"的过程，"化"就是要改变教育内在组织的模式，通过重组和再造，来改变建立新的组织和结构。党的十九大开启了加快教育现代化、建设教育强国的新征程，新时代赋予教育信息化新的使命。站在新的历史起点，我们必须聚焦新时代对教育信息

---

① 杨宗凯，吴砥，郑旭东. 教育信息化 2.0：新时代信息技术变革教育的关键历史跃迁[J]. 教育研究，2018，39（4）：16-22.
② 教育专家：中国教育的主要矛盾已发生转变[EB/OL].http://www.chinanews.com/gn/2017/11-14/8376541.html，2019-03-05.

化的新需求，将信息技术作为基础教育变革的内生变量，支撑引领基础教育信息化发展水平再上新台阶。①本章主要从"三通两平台"、大数据支持的深度融合以及教育信息化支持下的教育均衡、精准扶贫等方面分析教育信息化 2.0 时代下基础教育信息化的发展与要求。

# 一、研究背景

## 1．基本政策引导

《国家中长期教育改革和发展规划纲要（2010—2020 年）》明确指出：信息技术对教育发展具有革命性影响，必须予以高度重视。2012 年 3 月，教育部下发《教育部关于印发<教育信息化十年发展规划（2011—2020 年）>的通知（以下简称《通知》）。《通知》指出：以教育信息化带动教育现代化，破解制约我国教育发展的难题，促进教育的创新与变革，是加快从教育大国向教育强国迈进的重大战略抉择。通知强调：重点支持农村地区、边远贫困地区、民族地区的学校信息化和公共服务体系建设，努力缩小地区之间、城乡之间和学校之间的数字化差距。②可见，城乡各级基础教育信息化发展已经提上了国家教育信息化发展的战略高度。

2015 年 5 月，国际教育信息化大会在青岛开幕，国家主席习近平发来贺信。贺信指出：我们将通过教育信息化，逐步缩小区域、城乡数字差距，大力促进教育公平，让亿万孩子同在蓝天下共享优质教育、通过知识改变命运。这为我国教育信息化今后的工作指明了方向。2016 年 6 月教育部印发《教育信息化"十三五"规划》，规划指出：党的十八大以来，特别是中央网络安全和信息化领导小组成立后，党中央、国务院对网络安全和信息化工作的重视程度前所未有，国家推进"互联网+"行动计划、《促进大数据发展行动纲要》等有关政策密集出台，网络强国战略已经列入国家"十三五"规划重要战略，信息化已升级为国家战略，教育信息化迎来重大历史发展机遇。该规划还要求：加大中央财政对中西部地区教育信息化的投入力度，引导地方

---

① 教育部. 关于印发《教育信息化 2.0 行动计划》的通知[EB/OL]. http://www. moe.gov.cn/srcsite/A16/s3342/201804/t20180425_334188.html，2019-03-05.

② 教育部. 关于印发《教育信息化十年发展规划（2011—2020 年）》的通知[EB/OL]. http://www.moe.gov.cn/srcsite/A16/s3342/201203/t20120313_133322.htm，2019-03-05.

加强对农村、边远地区教育信息化的经费支持力度。可见，西部地区的教育信息化发展已经引起国家重视。

"十三五"期间，全面提升教育质量，在更高层次上促进教育公平、加快推进教育现代化进程等一系列重要指示对教育信息化提出了更高要求，也为教育信息化描绘出了更为广阔的发展空间。2018 年 4 月，教育部印发《教育信息化 2.0 行动计划》（以下简称计划）。计划指出：党的十九大作出中国特色社会主义进入新时代的重大判断，开启了加快教育现代化、建设教育强国的新征程。站在新的历史起点，必须聚焦新时代对人才培养的新需求，强化以能力为先的人才培养理念，将教育信息化作为教育系统性变革的内生变量，支撑引领教育现代化发展，推动教育理念更新、模式变革、体系重构，使我国教育信息化发展水平走在世界前列，发挥全球引领作用，为国际教育信息化发展提供中国智慧和中国方案。新时代赋予了教育信息化新的使命，也必然带动教育信息化从 1.0 时代进入 2.0 时代。为引领推动教育信息化转段升级，提出教育信息化 2.0 行动计划……大力支持以"三区三州"为重点的深度贫困地区教育信息化发展，促进教育公平和均衡发展，有效提升教育质量，推进网络条件下的精准扶智，服务国家脱贫攻坚战略部署……坚持"扶贫必扶智"，引导教育发达地区与薄弱地区通过信息化实现结对帮扶，以专递课堂、名师课堂、名校网络课堂等方式，开展联校网教、数字学校建设与应用，实现"互联网+"条件下的区域教育资源均衡配置机制，缩小区域、城乡、校际差距，缓解教育数字鸿沟问题，实现公平而有质量的教育。该计划的颁布是充分激发信息技术革命性影响的关键举措，也为我们更深入地研究区域基础教育中教育信息化的发展提供了重要指导。

综上所述，国家对贫困地区的教育信息化发展，尤其是对西部贫困地区的教育信息化发展越来越重视，研究西部贫困地区的教育信息化问题，尤其是研究基础教育信息化对促进中西部教育发展及区域教育均衡发展所起的作用，具有重要的现实意义。

2．基础理论指导

智能环境不仅改变了教与学的方式，而且已经开始深入影响教育理念和生态，给基础教育人才培养及教育形态带来深刻变革。教育的变革发展势在必行,作为教育研究者要理性应对新时代教育发展的新机遇、新挑战,在教育生态、绩效等理论指导下审视教育信息化的现状与发展路径。

（1）教育生态理论。

教育生态学是二十世纪六七十年代兴起的边缘科学,是用生态学的原理与方法研究教育现象的科学[1]。教育生态学主张教育系统与社会系统之间、区域之间、教育内部各要素之间、教育教学活动各环节之间等,构成一种互联、动态、共享的"生态"环境,其中一种要素的影响或失衡,会导致整个教育"生态"环境的无效、失衡和无序。

学者对信息生态问题的关注始于20世纪末,是信息时代到来后,面对过重的信息负荷,在如何科学使用信息进行反思基础上兴起的一个研究领域,是利用生态学理论来探讨人与信息环境关系的学问。其研究热点主要集中在信息环境内外影响因素的分析、信息生态失衡问题、信息生态与企业信息化之间的内在联系等几个方面。关于信息生态的内涵问题,从20世纪90年代开始,学者就从不同的学科领域（如生态科学、系统科学、信息科学、哲学等）及不同的理解角度提出了各自的观点。陈曙等认为,信息生态是信息、人、环境之间关系的总和。李凤石则认为,信息生态是目的与手段的统一,信息生态研究的目的是实现信息生态系统的平衡,促进人、信息环境乃至人类社会的可持续健康发展。它注重从系统整体出发,从促进与维护整个信息生态系统平衡的角度,对信息、人及信息环境之间关系进行宏观考察与分析,对信息生态系统进行合理规划、布局和调控,实现信息生态的稳定、有序。肖峰则认为信息生态和自然生态的总体区别,就是它的非自然性和非物质性。它既不是自然现象,也不是物质现象,而是人为的或人工的"客观精神"现象,或者说是人的精神生活的一种精神氛围和人文环境[2]。教育信息化生态环境是在教育生态大环境下的一个表现方面。

张剑在《多管齐下构建区域信息化生态环境》（2013）中指出：教育信息化生态环境由教育自然生态环境和社会人文软环境组成,教育自然生态环境包含教育信息、人、教育环境等要素；社会人文软环境包含与

---

[1] 范国睿. 教育生态学[M]. 北京：人民教育出版社,2000.

[2] 袁烨,王萍. 信息生态理论研究成果述略[J]. 情报科学,2009（7）：114-120.

网络发展相关的法律环境、科学技术环境、教育环境、经济发展环境等
要素，如图 1.1 所示。①

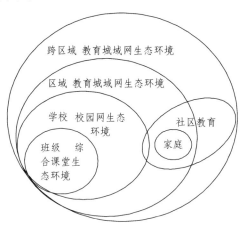

图 1.1　教育信息化生态环境

　　吴永和等在《基础教育信息化生态系统技术白皮书》(2006)中对基
础教育信息生态系统的构成进行了全面深入地分析，指出：教育信息化
生态环境体系以教育网为基架平台，主要体现在课堂信息化生态、数字
化实验生态、校园环境生态、教学管理信息化生态、移动学习环境生态
等方面，如图 1.2 所示；应以学生为主体，采取开放、多样互补、因地
制宜、综合配套以及协调发展的原则，主要围绕媒体生态、资源生态、
学习生态和服务生态的理念展开相应的教学活动，如图 1.3 所示。

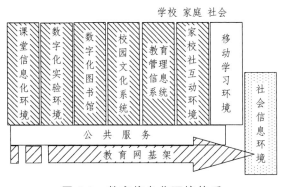

图 1.2　教育信息化环境体系

_____

① 张剑. 多管齐下构建区域信息化生态环境[J]. 中国电化教育，2013（1）：126-128.

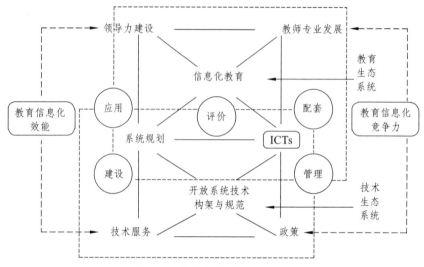

图 1.3　教育信息化生态系统

　　综上所述，强调教育信息化生态环境，就要从系统论的观点出发，整体地看待教育信息化环境与整个教育教学系统，乃至与整个社会系统的密切关系，并从生态学角度审视教育信息化的效果；同时，人的因素是该生态环境中最应受关注的要素。

　　（2）绩效理论。

　　教育信息化环境是一个网络化、数字化、智能化有机结合的新型的教育、学习环境。构建一个区域教育信息化的生态环境，可以更加安全、快捷、高效地把优质的教育资源、先进的教育理念、科学的教学方法、优秀的文化输送到区域内所有城镇、农村以及边远山区的中小学校，有助于实现教育公平。随着教育信息化的迅速发展，信息化设备和技术已经在教育活动中逐渐普及，信息化教学形式逐渐在教育教学中深入，教育信息化环境在教育中的占比越来越大；但随之而来的也有教育者或受教育者的教育信息化意识不够、数字化教学资源重复建设、媒体技术教学应用效果差、信息化建设缺乏统筹与总体规划以及缺乏相应的建设标准等诸多问题。因此，人们开始关注教育信息化环境的生态建设问题。构建教育信息化生态环境的目的是优化教育环境，促进信息化教育活动的展开，从而加快教育改革；其最终目的是促进教育质量的提高，这又与"绩效"的理念不谋而合。"绩效"一词最早应用于企业，从字面分析，它是成绩与效益的组合；从管理学的角度看，是组织期望的结果，是组织或个人为实现其目标而在一定时期内的投入与产出情况。投入的是人力、财力、物力、精力、时间等资源，产出的是工作成效，主要体现在成果的数量、质量等方面。

对于教育来说，影响教育绩效的因素包括教育环境、教师教学技能和管理方式、学生学习能力、教师和学生的态度以及教育评价等。教师的教学技能和学生的学习能力经过培训和学习是可以提高的，他们的态度经过引导也是可以朝着预定的方向发生转变的。教育环境是客观因素，包括学校条件、教室环境、教学媒体设备、校风、班风等方面。教育评价是考核绩效的重要途径，进行科学合理的评价，可以在一定程度上促进学生的个人成长并发挥其主观能动性，从而促进教育质量的提高。

教育信息化生态环境是以媒体技术的教学应用为基础，围绕教育信息化活动构建的，对教育信息化的发生和发展起制约、协调与优化作用的开放式多元环境体系。它是教育生态环境的一个重要组成部分，是教育发展到信息化时代的必然产物。

3. 大数据技术支持

随着媒体技术的快速发展和软件系统的智能化变革，技术与教育深度融合推进了教育的变革与创新。智能环境下的教育教学变得内容更加丰富，以云技术、数据挖掘技术、移动互联网为基础的人工智能、大数据等科学技术的迅猛发展，给教育的应用带来了数据获取、存储、分析和信息判别提纯技术的支持，为教育的改革发展提供了新的技术方法，也给我们开辟了全新的视角。

（1）大数据的产生。

大数据是人们在长期对数据研究应用基础上，尤其是随着移动互联网、云计算、物联网以及数据挖掘等科学技术的深入应用产生海量数据的情况下应运而生的。最早提出"大数据"时代到来论断的是全球知名咨询公司麦肯锡，麦肯锡称："数据，已经渗透到当今每一个行业和业务职能领域，成为重要的生产因素。人们对于海量数据的挖掘和运用，预示着新一波生产率增长和消费者盈余浪潮的到来。"大数据（或称巨量资料），指的是所涉及资料量规模巨大到无法透过目前主流软件工具，在合理时间内达到撷取、管理、处理、并整理成为帮助企业经营决策更积极目的的资讯。大约从 2009 年开始，大数据才成为互联网信息技术行业的流行词汇。目前，大数据已经不再仅限于用来描述存储大量数据，还表示对海量数据处理的高速度，尤其是可以帮助人们客观地发现隐藏在海量数据背后有价值的信息真相。

大数据的特点主要包括：① 大量（Volume）：主要指对数据的存储容量大，计量单位甚至上升到 EB、ZB 及以上级别。② 高速度（Velocity）：指对数据分析的速度极快，一般在秒级时间范围内可以给出海量数据分析的结果。③ 多样化（Variety）：指包含的数据类型非常多，既包括网站、网络日志、图片信息，又包含动画、视频、地理位置等信息。④ 价值（Value）：指大数据的重点在于发现海量数据背后隐藏的有价值的信息。

虽然大数据在商业、金融、通讯、医疗等行业发展已有较长时间，但近些年因为云计算、物联网等的迅速发展才引起了人们的广泛关注。大数据已经深刻影响了人们的生活、工作和学习，经济、文化、军事等多个领域都在悄然发生着改变。大数据的意义在于对由多种类型数据构成的数据集体进行分析和研究，提取有利用价值的信息，从而帮助人们在分析问题时可以做出科学的决策。由此可见，大数据已成为信息化社会发展的一股强大力量。

（2）大数据在教育中的应用。

大数据给教育信息化、教育教学的改革发展等诸多活动带来了深刻影响。对于教育工作者来说，我们将有条件更快速地接近教育现实，更精准地探索教育的真实面貌。对于大数据在我国教育中的应用情况，结合搜集的文献资料，这里主要从教育的理论领域和实践领域两个层面进行分析。

① 大数据给教育理论领域的创新带来了新思维、新视角。

大数据时代的到来，为教育的理论研究和教育教学的改革发展带来了前所未有的好机遇。大数据的思维和理念可以为人们优化教育政策、创新教育教学模式、变革教育测量与评价方法等理论研究提供现实依据以及新的研究视角，从而有力促进了技术与教育的深度融合。

第一，在大数据支持下制定的教育政策更具有前瞻性和引导性。

　　陈霜叶等[1]指出:传统教育政策的制定通常没有全面考虑现实情况,只是决策者通过自己或群体的有限理解、推测教育现实,而采用调研的方法也常常是被指定"抽样"和座谈的样本,使得随机中掺杂了更多的人为干预,所以制定的教育政策就容易出现失灵的现象。

　　大数据支持下,各级决策者可汲取"以证据为本"的理念和对大数据对政策决策影响的思考,从传统的政策调研和观点式决策向以多元丰富政策证据为支撑、大数据为助力的现代教育治理模式转变。有了大数据的支持,教育政策的制定不再是经验模仿,也不再是政策制定者经验的总结,而是在大量教育数据中挖掘出来的事实真相基础上有针对性地提出措施,制定的教育政策更加符合实情,也更有利于教育政策的引导作用的发挥。

　　第二,大数据思维影响下,教育的本质回归促进学习者个体的发展,教育模式从传统课堂的集体教学向数字化个性教育发展。

　　张燕南等[2]指出:大数据时代学习者在数字化学习过程中留下很多数字碎片,通过分析这些数字碎片,我们将会发现学习者的各种学习行为模式。梁文鑫[3]指出:大数据对课堂教学带来的主要影响是使教师从依赖以往的教学经验转向依赖海量数据教学分析进行教学,使学习者对自我发展的认识从依赖教师有限理性判断转向对个体学习过程的数据分析,从而使传统的集体教育转向对学习者的个性化教育。而谈到个性教育则必然要提及目前流行的大规模在线开放课程(Massive Open Online Course,MOOCs)教育,MOOCs 教育被看好的主要原因是学习分析技术和大数据对它的支持,有了学习分析和大数据技术,优质的教学、课程资源和服务等通过数据真实客观的被呈现出来。比如:对每一门课程资源和支持服务系统的建设和维护都建立在学习者使用过程的数据分析基础上,从而使提供的课程内容更符合学习者的需求、教学指导更具有针对性,进而提高了学习者的学习积极性,促进了学习成功的实现。张

---

[1] 陈霜叶,孟浏今,张海燕. 大数据时代的教育政策证据:以证据为本理念对中国教育治理现代化与决策科学化的启示[J]. 全球教育展望,2014(2):121-128.

[2] 张燕南,赵中建. 大数据时代思维方式对教育的启示[J]. 教育发展研究,2013(21):1-5.

[3] 梁文鑫. 大数据时代——课堂教学将迎来真正的变革[J]. 北京教育学院学报(自然科学版),2013,8(1):14-16.

羽等①指出：学习者在 MOOCs 平台上学习时，教师和程序可以通过大数据对学习者的学习行为进行理性干预，比如：通过预测认知模型为学习者自动提供适合的学习内容和学习活动方案，通过作业情况、留言板以及讨论区的问题讨论情况可以发现存在学习困难的学习者，以确保可以及时对其学习进行有效干预等。总之，大数据的应用可以实现大规模在线教育的同时可兼顾学习者的个人需求。邢丘丹等②指出：大数据对海量数据的高速实时处理技术可以为在线教育平台实时洞察学习者的变化、把握学习者的需求、提高学习效果提供支持，还可以对学习过程中产生的不相关信息进行深度分析，以预测和把握学习者的需求变化。

大数据可以支持对学习者个性发展的研究，数据的分析可以提供给我们关于每一个学习者的学习需求、学习风格、学习态度乃至学习模式等信息，因此我们可以相应提供适合不同学习者发展的学习内容和学习指导，促进其个性发展从而实现真正意义上的个性化教育。

第三，在大数据技术支持下，教育评价和学习分析从传统的经验性向客观性发展。

随着教育信息化的推进，数字化学习方式已经成为当今学习者的重要学习方式之一，学习者在移动学习终端支持下产生了大量的数字学习痕迹，从而使得大数据可以有条件去关注每个学习者的学习过程。大数据技术支持下教育研究趋向于对全数据环境下的分析方法，这为我们提供了最直接、最客观、最准确的教育评价和学习分析的依据。喻长志③指出：大数据将重构教育评价，由原来的经验式评价转变为基于数据的过程性评价，通过大数据的支持来分析教学规律。魏顺平④指出：基于大数据的学习分析技术可以通过存储和分析学习者的学习情况的过程数据，用以预测和优化学习过程，为教学决策提供重要依据。

在教育评价中评价的对象不仅仅是学习者，教师也可以利用大数据提供的信息来分析自己的教学行为，通过教学过程反映出来的数据可以

① 张羽，李越. 基于 MOOCs 大数据的学习分析和教育测量介绍[J]. 清华大学教育研究，2013，34（4）：22-26.
② 邢丘丹，焦晶，杜占河. 云计算和大数据环境下的在线教育交互研究[J]. 信息资源管理学报，2013（3）：22-28.
③ 喻长志. 大数据时代教育的可能转向[J]. 江淮论坛，2013（4）：188-192.
④ 魏顺平. 学习分析技术：挖掘大数据时代下教育数据的价值[J]. 现代教育技术，2013（2）：5-11.

发现自身的教学特长以及教学不足之处。教育评价是教育过程中很重要的一个环节，只有采用科学的评价方式才能促进教师和学习者能够正视和接受客观存在的问题，反思教与学的过程和方法等，从而改进自己的行为，以提高教育教学的质量。

② 大数据给教育实践领域的探索带来了新技术、新方法。

大数据在实践领域的应用主要是表现在大数据的获取、分析和信息挖掘等方面的应用，它可以为教育提供实时数据信息，可以帮助人们优化教育教学从而最大限度地发挥教育实体的价值。通过分析，大数据在教育实践领域的应用主要体现在教育资源建设、智慧校园建设以及学习分析技术等方面。

第一，为教育资源建设、共享和运用提供新思路。

教育资源是教和学得以实现的根本，传统对资源的建设主要有政府配发、教师自己开发等形式，政府配发不能完全满足学校的个别需求，教师开发环节则严重存在着资源的重复建设问题，而对优质资源的定义也多依赖经验总结的方式。大数据的出现为教育资源的建设提供了新思路，对教学资源库的构建和使用奠定了技术基础，为优质资源的界定提供了事实依据。刘中宇等[①]指出：云计算和大数据使教师与学生不仅能够共享存储在云服务端的教育资源，还能通过对各种非结构化数据进行分析，以挖掘隐藏的信息价值，并为师生提供最合理的教与学的资源。大数据与云计算的结合，会根据学生在教育资源库上的操作"痕迹"掌握其对学习资源的动态需求，也会通过分析学习者对学习资源的点击、下载、评价等数据信息对"优质教学资源"进行客观的定义。资源的获取和存储变得简单，还避免了资源的重复建设及优质资源的浪费，且优质资源也得到了最大范围的共享和利用。

第二，为智慧校园的规划、目标建设和内容建设提供新方法。

近年来，随着"智慧"一词在教育领域中的深入，智慧校园建设也成为推进教育信息化进程中的重要工作之一。大数据的理念和思维为人们优化智慧校园的建设方案、建设目标以及建设内容提供了新的方法。姚琪指出：智慧校园建设通过把传感器嵌入到校园的各种系统中，将校园管理的众多软件系统平台与物联网、互联网互联，由此可实现校园实

---

① 刘中宇,刘海良. 大数据时代高校云资源应用[J]. 现代教育技术,2013,（7）:
59-62.

时数据的获取、存储和加工分析，从而为学校发展和教学应用提供有效的决策依据，智慧校园作为教育信息化建设的一个实体，对实践大数据的价值提取有重要的现实意义。另外，智慧校园还包括大数据的标准体系、校园数字化生态环境以及相应的信息化组织管理体系等方面的建设。①

在智慧校园环境下，基于云计算的大数据应用可以实现对教师教学行为、学生学习行为、学生个性特征等进行分析和预测，从而为促进学生身心的发展提供适时地引导和帮助。同时，还可提供学校运转的实时动态数据以便于校领导和教师及时掌握最新的管理和教学信息从而助力教学管理更趋向科学化、智能化。

第三，为学习分析技术中非结构化数据的处理提供技术解决方案。

如何获取教育大数据，并将教育数据提取为有价值的知识和信息，达到为教学决策提供参考、为优化学习提供帮助的目的，已经成为教育目前关注的重要内容。学习分析技术是在各种分析技术和教育数据挖掘基础上发展起来的，是大数据在教育中的重要应用之一，学习分析能够挖掘学习者学习过程数据中的有价值信息，进而优化学习，助力教学决策，使教育可以为每个学习者提供符合个人需要和适合个人发展的机会。2014 年《地平线报告》指出：研究学习分析旨在运用大数据分析为教育决策提供现实的依据，利用学习者数据建构更好的教学法，定位学习困难人群，并评估项目设计能否有效提升学生保持率，是否应该继续进行等，这些结果对于教育立法者和教育管理者来说都具有重要的价值；而对教育工作者和研究人员而言，学习分析对于剖析学习者与在线资源之间的互动状态及其价值也具有举足轻重的作用；同时，学习者也正逐步受益于学习分析，因为移动互联网和在线平台能通过跟踪分析学习者学习行为数据从而为其创设互动和更个性化的学习体验②。尤其随着教育中移动设备和移动互联网技术的普及应用，教育数据呈现爆炸式的增长速度，而产生的大量非结构化数据难以被计算机处理和理解，如何从这些教育大数据中提取有价值的信息是目前学习分析面临的最大技

---

① 于长虹，王运武. 大数据背景下数字校园建设的目标、内容与策略[J]. 中国电化教育，2013（10）：30-35，41.
② 张铁道，殷丙山，蒋明蓉. 2014 地平线报告：简单地利用新技术是不够的[N]. 中国教育报，2014-04-30.

术挑战①。基于云计算的大数据的应用使得原本难以获取、存储、处理甚至有价值信息提取的工作变得更容易，尤其是其对非结构化数据处理的技术优势正巧可以解决学习分析技术领域的这个难题。

随着云计算、移动互联网以及物联网等技术的发展和完善，相信大数据在教育领域的应用会越来越广泛、越来越深入，专家学者们的研究也会越来越理性、越来越科学，我国的教育在大数据的支持下会向着教育现代化的方向稳步、快速地前进。

## 二、基本要求

### 1."三通两平台"

"三通两平台"（宽带网络校校通、优质资源班班通、网络学习空间人人通、教育资源公共服务平台和教育管理公共服务平台）是教育部对"十二五"期间教育信息化的核心目标。在《国家中长期教育改革和发展规划纲要（2010—2020年）》这份纲领性文件的背景下，教育部为推进落实该纲要的总体部署，编制了《教育信息化十年发展规划（2011—2020年）》。现阶段，国家非常重视"三通两平台"建设和应用，努力要把"三通两平台"的建设和应用作为教育信息化工作的核心和重心。然而"三通两平台"是不是达到了预期效果，其中是不是还存在亟待解决的建设和应用的相关问题，这些都还需要我们理性地审视和思考。我们只有适时地了解"三通两平台"建设和应用的现状，发现教育信息化发展中的瓶颈问题，提出更有针对性的对策，才能保障"三通两平台"在推进教育走向现代化的进程中能够充分发挥积极的引领作用。在这里我们以陕西省为对象进行了分析与研究。

按照《陕西省教育信息化十年发展规划（2011—2020年）》和陕西省教育信息化"完善环境、拓展应用、深度融合"的三段式推进战略，以完善环境为核心的第一个三年行动计划（2012—2014）已经结束，全省教育信息化顶层设计全面完成，体制机制建设取得重要进展，基础设施和网络环境建设成效显著，区域失衡状态得到很大改善，教育信息化公共服务体系基本形成,信息技术在教育管理和教学中的应用逐步展开，

---

① 吴永和，等.学习分析：教育信息化的新浪潮[J].远程教育杂志，2013（4）：11-19.

全省教育信息化发展呈现出全局性发展和协同推进的良好局面。陕西加快推进基础教育信息化建设，计划到2020年，全面完成"三通两平台"建设任务，实现信息技术与教育教学的深度融合。

"三通两平台"的建设与应用，促进了教育教学创新的实现，不但能较大程度上提高学校师生的教学环境，同时还能极大地提高学生的学习兴趣，促进教育教学水平提高。以信息化为基础的"三通两平台"是我国教育改革和发展主要方向，已经在我国很多个省市内取得了较好成绩，为我国教育教学发展过程中提供了一条高起点、高目标、高质量的道路。经过多年的发展和建设，目前绝大部分教育主管部门和大部分学校都已经实现了网络介入，也配备了计算机设备，但由于各区域的发展不平衡，对"三通两平台"的认识不到位，各种相应的机制不健全，因此现在大多数地区和学校都是在摸索阶段，大部分建设成果并未达到预期的效果，还存在诸多问题。

西部教育信息化是全国中学普及信息技术教育的难点之一，国家高度重视中西部地区信息技术教育发展问题。2003年起国家针对农村落后地区实施了农村远程教育工程，极大促进了西部地区教育信息化的发展。

2．教育精准扶贫

在基础教育发展的过程中由于受到经济、交通、地理位置等客观因素的制约，西部地区的基础教育发展不均衡问题尤为突出。作为信息化社会标志的信息技术，不仅给教育带来了挑战，同时也给教育的发展带来新的契机。教育精准扶贫是精准扶贫与教育扶贫的下位概念，结合教育扶贫与精准扶贫的思想，有学者给出了这样的定义，即教育精准扶贫就是在全国范围内对教育扶贫目标、项目、对象、过程，评估进行精细化操作，从而阻断贫困代际传递，这是脱贫攻坚工作中的一项具体工作。教育精准扶贫可以这样理解：第一，精准分析教育扶贫要帮扶的对象的现状，采取针对性的扶贫计划来帮助扶贫对象脱贫；第二，为实现教育扶贫的目标，应对扶贫对象实时跟踪，观察，满足其对教育方面的物质需要，做到教育资源配置精准；第三，借助精确的扶助手段来提高学生的学业成就；第四，弥补贫困地区师资流失的缺口，提高贫困地区教师教学能力。这里集中讨论中小学教育的精准扶贫，以贫困地区中小学师生为扶助对象，围绕以上四个方面来实现教育精准扶贫。

（1）信息技术在教育精准扶贫中发挥的作用。

① 信息技术能推动贫困地区中小学教育发展，缩小地区之间的教育差异。

推进基础教育优质、均衡发展的重要途径是在基础教育过程中实现优质教学，而实现优质教学的必要前提就是能够获得充足的优质教育教学资源①。以建设、应用、共享和评价优质数字教育资源为手段，通过"班班通""人人通"等平台促进区域优质数字教育资源的共享、丰富课堂教学信息，通过创设教学情境改善传统课堂教学环境，提高教育教学质量，从而为教育精准扶贫奠定资源基础。

在信息技术支持下开展"互联网+教育"，将大量优质教育资源汇集到一起并且开放出去，超越学校的地域限制和约束性时间管理，提供大量学习名额让学生共享资源，这在很大程度上弥补了贫困地区教育资源不足以及师资力量的缺失情况。同时"互联网+教育"能为学生提供针对性的服务，真正满足个性化学习需求，在一定程度上使得每个学生的都得到适合自己的发展模式，缩小了不同地区学生学习上的差异。同时，贫困地区传统的教学模式得以转变，贫困地区教学软硬件设施得到改善，区域之间的教育差距才能得以减小。由此，贫困地区的学生可以享受到和城镇学生同等的教育资源，使得每一个贫困地区的中小学生都能在自己学校中体验优质教育资源以及完备的教育设施所带来的便利，为贫困地区的中小学生创造与城镇孩子同样的升学与发展机会。借助信息技术可以为贫困地区中小学生创设更多的学习机会，促使他们得到全面发展，这在一定程度上有利于促进提升贫困地区中小学生的综合素质，使他们将来能更好地适应现代化社会，进一步缩小地区之间的教育差异。

② 信息技术能弥补师资力量不足问题，助力素质教育，促进贫困地区中小学生全面发展。

贫困地区办学条件相对差，教育资源相对欠缺，师资力量相对薄弱，加上追求升学率的情况存在，仅有的教学资源都会用于"主科"的教学中，艺术、音乐等素质类课程不受重视，不仅教学时间被占用，专业的学科教师和教学需要的硬件设施更是匮乏。以应试教育为主的状况，很容易使贫困地区中小学生错失德育以及美育的关键期，留下遗憾。

① 秦小平.信息技术：义务教育优质均衡发展的助推器[J].江苏教育研究，2012
（5）：23-25.

在信息技术支持下，依托发达地区优质的德育，艺术师资力量与教学资源，结合线上线下平台，在贫困地区推广"互联网+教育"的教学方式，使得副科学习时间和地点更加灵活，在有效缓解贫困地区德育，美育等素质教育师资力量的不足，以及贫困地区中小学的主科，副科教学时间的冲突，为贫困地区中小学的素质教育的开展提供了保障。① 提供多样化的在线培训、帮助教师专业发展对师资的不均衡进行重点扶持。促进基础教育均衡发展、有效提升基础教育质量的一个关键因素就是师资力量。目前，教师专业发展已成为教师教育改革的热点之一，但是中小学教师教学任务重、学习机会不足、培训效果不好、继续学习时间少等问题客观上限制了教师的专业发展，教师要实现专业发展，必须具备继续学习的能力及继续学习的机会，更新个人教育理念与教育知识体系、提高教育教学综合素质。在信息化手段帮助下，教师可以有效利用大学的网络课程以及慕课等平台与传统师资培训结合起来，促进学习交流与网络教研，有效提升中小学教师培训质量。

③ 信息技术能精准识别学生学习状况，有针对性地帮助学生提升学习质量。

要实现中小学教育精准扶贫，关键是怎么精准识别扶助对象。运用大数据技术有助于贫困地区找到最适合当地的发展方式，促进地区长远、持续和平衡发展。② 例如借助大数据技术，使用移动终端，记录学生在课堂的学习数据和课后作业完成数据，对这些数据进行分析，诊断，更容易找出该同学在学习中存在的问题，再针对这些问题进行分析，并为其提供针对性的训练，使得学生能够在学习中得到精准的帮扶，就大大提高了学生的学习效率。教学的最终目标还是回归到学生的有效学习上，学生利用信息技术能够在课堂之外找到各种学习资源，可以根据自己的需求展开个性化的学习方式，学习方式多样化可以有效补充山区农村中小学生与城市中小学生传统课堂学习上产生的差距。

（2）信息技术支持下的教育精准扶贫途径分析。

① 以提高信息化教学认识为先决，帮助贫困地区中小学教师更新教

---

① 徐静君．发展互联网+移动演播室技术，提升三峡库区素质教育水平[J]．科技展望，2016，26（29）：350．
② 谢治菊．大数据驱动下的教育精准扶贫——以长顺县智慧教育扶贫项目为例[J]．湖南师范大学教育科学学报，2019，18（01）：43-52+75．

育教学理念。

基础教育均衡发展的价值取向是所有人所有可能方面的发展[①]，利用信息技术促进基础教育精准扶贫，我们不仅要考虑在当今信息时代，如何利用信息技术帮助学生掌握知识，还要考虑在此过程中，如何促进学生的全面发展，如何提升学生的信息素养。因此，对从事基础教育的教师及工作人员来说，首要的任务就是转变教育思想和观念。只有教师拥有现代教育理念，才能更加积极去学习现代教育方法，将现代教育手段合理地运用到教学中来，让任何地方任何学校接受基础教育的学生都能享受到不受地域限制的优质教育。因此，教师不仅仅是去掌握信息技术，不断地花时间学习新技术，而且要积极主动地思考信息技术本身的自为性，思考在使用信息技术的过程中，它们是否对教学起到了促进作用，需要明确作为现代教育技术的信息技术在教育中发挥作用依赖于现代教育思想的指导。如果教育思想上跟不上，信息技术的使用就会盲目、低效。因此，教师应该通过各种方式首先掌握国家相关教育部门关于教育以及教育信息化的发展战略，这样在教学中，才能做到不为了用技术而去用技术，而会综合考虑各因素的综合作用，利用信息技术将教学中各要素有机整合起来，设计以"学习者为中心"的信息化的学习环境，让学生体验现代教育理念和方法，从而去适应新的信息化学习方式，培养信息化学习能力。

② 优化"三通两平台"中有关的数字资源平台，精准识别学习者、学校、教师等用户主题的资源需求，以便更有效地为其提供所需资源，真正实现教育资源共享的促进。

因此教育资源的建设和应用是教育均衡发展至关重要的一环。所谓资源"均衡"也就是达到一种稳定的状态，其中一个意义就是能够满足不同地区、不同人群的需要。在基础教育均衡以往的研究中，为了促进资源的均衡，对教育资源采取的方法大多是静态平均化配置的方法，在一些欠发达地区以及落后的农村、山村地带，由于受到经济、技术、媒体等条件的限制，很多被分配的资源都闲置了，造成了资源浪费；而对于条件好的地区和学校来说已配置的这些资源又是远远不够的，还需要自己开发一部分资源。归根结底，导致这种现象的原因就是静态平均化

---

① 陈学军. 义务教育优质均衡发展究竟是什么[J]. 教育发展研究，2012（22）：10-14.

的资源配置方式没有考虑到学校和学生的实际情况。

推进资源的均衡配置，并不是指"削峰填谷"，更不是全国范围内的绝对均衡，这是不可取也是不现实的，应在区域范围内，促进区域教育资源的均衡配置。在区域内，利用信息技术构建丰富、开放的资源服务体系，可以降低成本，也可以让偏远的农村地区共享到优质资源。首先，必须建设符合信息化教学需求的学科教学资源库。这些资源不仅要支持教，还要支持学，教师可以利用这些资源来设计课堂教学，帮助学生掌握知识技能，学生可以利用提供的认知工具和学习资源来进行探究学习等。比如，有的城市建设了教育资源网，将各种优质教学资源集中起来服务教学。其次，利用信息技术完善优质教育资源共享机制。如今很多中小学已实现了校园网的建设，我们可以通过校园网与外界网络连接，共享其他网站的教育资源。比如通过数字图书馆，教师和学生可以浏览、下载自己需要的课外补充资料，有效解决农村地区购买力相对薄弱、买书难的问题，他们也能及时获得最新的学术观点和知识；教师在设计多媒体教学时，可以利用现有的多媒体教学系统，通过网络为学生实时播放远程的优秀视频课程等。再次，通过智能技术智能识别用户需求，提供其最需要的资源与学习推荐，以达到教育资源的有效利用。加快优质资源共享是推进基础教育均衡发展的重要内容，重点工作不是继续投入更多财力、物力，而是要利用信息技术将现有的各种软、硬件资源和人力资源有效整合，集中优质资源、创建优质资源以构建数字化教学资源库，实现能动态组合的云共享，让各中小学的基础教学设施不再孤立和被动地发挥作用，而是既能够为中小学共享外界资源提供条件支持，又能在合适的时候能动地促进教学。最后，资源平台应构建评价机制。通过信息技术精准判别资源的优劣,通过科学的方式识别真正的优质资源，并进行推送、奖励和推广，以更好地激发开发者开发优质资源的积极性。因此，我们要在实践中以建设、实现和应用"三通两平台"为基础，外加数字化校园建设为支撑，加快优质资源共享，同时鼓励并引导教师开展信息技术环境下的新媒体新技术教学应用。

③ 利用直播技术开展远程同步互动课堂，助力贫困地区学校"开齐课"。

由于贫困地区中小学师资力量不足（在某些中小学，一位教师会"身兼数职"），工作较难做好，而且学生所学的东西也不够专业，有违这些课程开设的初衷。

　　同步互动课堂开展的前提是贫困地区学校与城镇学校进行一对一或一对多的结对帮扶。贫困地区被帮扶的学校与城镇帮扶学校通过网络进行互联，使城镇帮扶学校的教师所在的课堂与被帮扶学校教师所在课堂之间建立全程课堂教学实况的同步输送，并能够实现被帮扶课堂与帮扶课堂之间，教师与教师、学生与学生之间的互动。这种课堂教学模式的运行模式是：城镇优秀教师在本地课堂利用本校较为完备的信息化设备，以及自身专业知识进行授课，借助直播技术，通过网络将授课过程传送给被扶助的课堂，被扶助的课堂上的教师维持课堂秩序，辅助主讲教师，组织相应的自主学习活动。这种教学方式可以弥补贫困地区中小学专业师资不足，解决开不齐课的问题，主要用来开展素质类学科，如音乐、美术、思想品德等课程的教学工作。同步课堂将专业的美术、音乐、体育知识传授给学生，使学生能够更好地得到全方位发展。同步互动课堂不仅可以将优质的教学资源引进贫困地区，还能够通过与城镇学生的交流互动，调动贫困地区中小学生的学习积极性，使贫困地区的中小学生即使在自己的学校中也能享受到优质的教育资源，得到与城镇学生同样的发展机会。

　　④ 通过在线平台变革培训模式，积极探索贫困地区中小学教师个性化培训新模式。

　　信息技术在教师培训中主要发挥两个重要作用：第一，向教师展示和传递陈述性知识以帮助他们理解，第二，通过参观和亲身体验以帮助他们熟练掌握程序性知识。[1] 为了突破时空的局限，如何才能在培训中真正发挥这两方面的作用呢？这就要求教师培训部门要思考信息化培训的模式，构建信息化培训平台，借助虚拟现实技术等丰富培训的内容与模式，从而更好地调动教师的自主学习，实现信息化环境下的自主学习、专业发展。首先，培训模式要变革，要配备信息化培训的资源和平台，发挥区域优势，积极构建 "大数据+教师教学能力发展"平台，通过该平台贫困地区中小学教师进行传课以及反思来促进自身发展。专家进行听课以及评课，再对贫困地区中小教师进行指导，采取两名专家指导一名被帮扶老师的"2+1"形式（一名专家扶助教师教学能力，另一名专

---

① 赵志刚.信息技术促进教育发展和变革的研究[J].教育理论•课程探索，2012（2）：95.

家扶助教师提升专业水平）。被辅助教师借助云录播平台将授课过程进行直播或录播，系统会对教师授课过程中产生的行为数据进行记录。专家登录系统观看被扶助教师的授课过程，结合系统对教师产生的行为数据的记录与分析，找出被扶助教师授课方法以及专业知识方面的问题，提出指导意见及时反馈给被贫困地区的教师。教师根据专家意见进行教学反思，在平台中编写教学日志。此外，专家可以借助此系统对贫困地区的教师专业知识以及教学能力进行远程培训。通过这个系统贫困地区教师可以获得针对性的扶助，得到更加精细的指导。在这些帮助与指导下教师的专业能力可以得到发展，教学水平得以提升，贫困地区的教学质量就能得到提升。再比如，建立常用的 QQ 群，参加培训的老师们可以共享培训资源，还可以与其他培训老师、学员进行及时交流，遇到问题时可向远程指导老师或专家寻求帮助，并能在群里与其他学习者分享学习经验或讨论教学实践中的难题。利用中小学校长信息化领导力培训、教师信息技术应用能力培训等方式以教育技术能力建设培训为核心，加强教师媒体环境下教学设计能力的培养和提高。利用信息技术加强各地区各学校的交流合作。对一线教师的培训不仅仅局限于系统的课程学习，教师与社会各界的学术交流也非常重要，可以让教师更好更快地理解现代教育思想，更加有效地解决实践中的问题。另一方面，还可在"学堂在线"、中国大学慕课等相关平台上学习，以及一些师范学校面向所有成员开设的公共精品课程，教师可以自由安排时间系统的学习，在特定课程的学习平台上，还可以查看学习培训机构提供的专有资源。教师可利用专家博客、在线聊天工具、网上社区等信息化工具，与同行、专家或学者交流讨论，随时接受新的思想和观点，培养骨干教师，建设专家团队，引领广大教师开展应用研究。如此，能让对信息技术不了解的教师或信息技术能力差的教师得到快速成长。

⑤ 以培养学生信息素养为目的，借助信息技术精准识别学习者个性特征，提供个性化学习资源、推荐个性化学习路径，通过这种自适应学习促进学生的个性化发展。

在信息化时代，要实现对学生的素质教育，培养学生的信息素养非常关键。学生应该学会使用信息化工具，在任何可能的时间与任何可能的对象进行交流、沟通，在同伴或老师的帮助指导下，解答自己的疑难问题。而且，学生还应该学会如何利用互联网获取需要的资源，在信息技术环境下开展在线学习、移动学习等信息化学习活动。在基础教育领域，虽然提倡因材施教，但由于受到学生数量、教师精力、升学压力等因素的制约，通常采用集体教育模式，在教师的安排下有计划、有秩序地实施教学活动，但是这种教学模式对学生来说是被动接受的，有太多教师对知识的理解和加工成分，在一定程度上扼杀了学生的想象力和创造力。新技术出现改变了信息和知识的传播模式，基础教育的模式也应发生相应的转变。

信息时代基础教育的教育模式应该突破传统集体教育模式，从集体教育转向个性化教育，满足不同学习者的成长需求，才真正体现均衡教育的目的。个性化教育为受教育者量身定制教育目标、教育计划、教育培训方法、辅导方案并加以执行，组织相关专业人员为受教育者提供学习管理策略和知识管理技术以及整合有效的教育资源，帮助受教育者突破生存限制，实现自我成长、自我实现和自我超越。[①]在这场基础教育革命的浪潮中，云计算技术可以记录每一个学习者操作鼠标的频率、学习活动的轨迹、参与团体活动以及参与交流互动情况等学习行为的数据。针对不同学习者不同的知识基础水平、学习能力水平、生活背景、兴趣爱好等个性特点，云计算技术可以提供给我们关于每一个学习者的学习需求、学习风格、学习态度乃至学习模式等信息。我们应力充分借鉴目前自适应学习系统研究成果，结合中小学生特点，构建各学科个性化学习平台，利用大数据技术以移动终端工具为载体形成学生学习平台，学生在此平台上学习并完成作业，平台对学生在学习过程中产生的数据进行记录，如学习中产生的问题数据、学生学习行为数据，并对这些数据进行分析、诊断和预测，从中识别出学生学习过程中的存在问题，发现学生的知识盲点。学生在完成作业过程中遇到难题时，可以利用移动终端提供的社交平台向同伴或教师求助，或者查阅相关资料，自主解答疑难问题。对于做错的题，学生在智能学习终端完成错题订正，终端对于错题进行智能分析，推送给学生相似的习题以便其进行及时巩固。针对学生掌握的不牢固的知识点，智能终端将精准推送练习题，以达到最好的巩固效果，引导学生形成良好的学习习惯。此外，平台定期更新学生学习报告，教师或者家长借助平台提供的入口进入报告系统，可以及时

① 杨妮，熊健杰. 美国高中个性化教育策略及其启示[J]. 教育导刊，2013（1）：50-53.

了解学生的学习情况。通过这种方式，能够大大提高学生学习效率，从而提高学生学习质量。

平台充分地考虑到学习行为的个性化特征，打破了传统学习群体的结构，把学习者作为一个个体，置于一个更为个人化的情景之中，可以相应的提供适合不同学习者学习需求的学习内容和学习指导，为每一个学生提供发展其优势潜能的机会，促进其个性发展从而实现真正意义上的个性化教育①。

⑥ 打破平台建设使用的区域化，加快推进平台的开放建设与共享，以保证教育精准扶贫的基础条件。

在信息化社会，可以说不乏各种承载信息资源的平台，在网络支持下优质的教育资源可以被充分的共建共享，但事实并非如此，多数资源网站都设有学习权限。各地区各学校为了加快信息化建设，纷纷建设自己的资源平台，形式不一、水平不一，重复建设造成了大量人力、物力和财力的浪费。可见，资源设计得再优秀，如果没有开放的平台将这些优质资源有效传播出去，同样达不到教育均衡与教育公平的目的，加快推进平台开放建设与统一使用标准的步伐已刻不容缓。

目前，在基础教育均衡发展过程中，资源建设使用引起了人们的广泛关注，但是很多人还没有意识到平台作为资源载体和传播工具的重要性。信息时代为我们提供了平台共建共享的理念与技术支持，比如目前践行效果较好的慕课（大规模在线开放课程），其开发与教育模式充分遵从了"分享、协作"理念，它最大的优势在于利用简单的平台集结与传播了全球优秀的教育资源，扩大了教育面，实现了资源的共享与共建，从而增强了平台在知识传播中的作用。所以，加快优质资源共享重点工作已不是继续投入更多财力、物力对资源与平台进行重复建设，而是要充分结合信息时代"开放、共享"的特点，统一平台共建共享的标准，要利用云技术有效整合现有的各种优质软、硬件资源以及人力资源，加快实现可以动态组合的云共享，从而为更真实有效地收集教育大数据奠定坚实的基础。

⑦ 利用微信建设家校协同平台，促进贫困地区留守儿童身心健康成长。

--------

① 刘凤娟. 大数据的教育应用研究综述[J]. 现代教育技术，2014（8）：13-19.

儿童的成长需要父母的陪伴。留守儿童的父母长期在距离较远的地方务工，他们极易缺席儿童成长的关键期，势必会影响这些孩子的身心成长。贫困地区留守儿童居多，要有意识地借助信息技术与大数据对贫困地区的留守儿童进行精准识别，对他们实行精准帮扶；既要保证他们能够有学上，还要关注他们身心成长。为此，我们可以利用微信这一社交平台，将外地务工的家长便捷、低成本地联接到学校教育信息化系统里，参与到学校教育活动中，让这些家长能够通过与教师语音通话、在线视频等，及时了解自己孩子在学校的学习以及成长情况。学校应提供良好的沟通环境，确保沟通效果。此外，可以对沟通数据进行记录与质量评价，以便增加留守儿童与父母的沟通频率，有效促进留守儿童与父母心理上的隔阂解除，增进子女与父母之间的感情，使父母对学校产生认同感。在该平台上，教师应该对学生父母进行简单培训，转变其落后的教育理念如"读书无用"论等，让他们明白教育对于孩子的重要性；还可以向父母传授合理的沟通方式，使父母在没有教师干预的情况下，与孩子进行有效沟通，为融洽和谐的亲子关系建立提供支持，促进留守儿童身心健康成长。

# 第二章

# 构建区域基础教育信息化生态环境

随着教育信息化的迅速发展、信息化设备在教育中逐步普及，信息化教学也在教育教学中逐渐深入，教育信息化环境越来越受到重视。但随之而来的问题也越来越繁杂：教育信息化在一定程度上可被视为"信息化+教育"，但这并不是简单的两者相加，而应是利用信息通信技术以及互联网平台，让信息技术与教育领域进行深度融合，创造新的发展生态[①]。因此，构建教育信息化生态环境的任务迫在眉睫。

## 一、区域教育信息化环境生态主体

教育信息化是教育走向现代化的重要途径，要使教育信息化成为助力"加快教育均衡、促进教育公平、提高教育质量"目标实现的推力，就要构建生态化的教育信息化环境，使教育信息化可持续发展。而教育信息化生态环境建设和利用的关键是"人"，即教育教学活动中的管理者、教学者和学习者。他们是教育信息化环境的生态主体，只有他们的观念和能力紧跟信息化发展的脚步，才能实现真正的教育"生态"。

1. 教育管理者要加强对教育信息化的研究

在教育信息化过程中，人们把更多的关注集中在了教师和学生的信息化教学活动上，而忽略了对教育部门领导以及校长等教育管理者的教育信息化研究能力培养。实践表明，一线教师在开展信息化教学活动和课题研究过程中，由于领导不理解教育信息化的本质，没有充分重视教

---

① 胡乐乐. 论国际视野中的"大数据与教育"[J]. 比较教育研究，2015（07）:56-58.

育信息化教学科研活动，从而使得一线的教育信息化成效不明显。加强区域教育信息化的系统规划与管理，加强对教育决策者与管理者以及各层次关键性人物的最有效培训，提高整体绩效[①]。作为教育管理者，尤其是一线领导，是教育信息化活动的领头羊，更要认识到教育信息化是教育改革的有效途径之一，是教育发展到信息时代的必然阶段。因此，教育管理者应该掌握信息化实践的指导理论和必要的信息化管理技能，更新教育信息化理念，加大教育信息化工作力度，充分保证教育信息化的质量和效益得到提高。

2．教学者要注重自身的专业化提升

在当今信息时代背景下，学习者的学习环境受到了移动互联网和大数据的冲击，未来的教室环境是虚拟云教室，包括电子教材、电子书桌、电子书包、电子实验等学习资源存储在教育云上，其数量和质量都会得到极大的提高，从而满足学习者的个性化需求，这样的环境对教学者的能力提出了更高的要求，教学者在具有一定信息能力基础上应注重加强自身的专业发展，利用在线培训、网络研修、专业交流等机会，加深自己对教育信息化的认识，提升自身信息化教学、科研的能力，只有自身能力提高了，才能有效地创设生态化的信息化环境，才能有力地驾驭信息化环境，促进学习者更好发展。因此，教学者要加快信息技术与学科教学的深度融合，形成师生互动、生生互动、人机互动的和谐、合作的良好生态环境。

3．学习者要注重信息化学习能力的提升

传统信息化学习环境下，学习者只是资源的被动接受者和赏析者。如今人们普遍拥有了终身教育的理念，认为受教育不再仅仅是知识的接收，更多的是为实现个人的发展和人生的目标。信息化生态环境的目的是协调各种要素促进教学质量提高，最终提升学习者的能力。在信息化生态环境下，学习者可以不受时空和呈现方式的限制，提升自身信息化学习能力，在教师的指导下规划、组织、管理、评价自己的学习，学会甄选媒体终端、软件平台和学习资源，学会获取、分析、加工、使用和

---

① 桑新民，郑文勉，钟浩梁．区域教育信息化的战略思考[J]．电化教育研究．2005（03）：8-11．

评价信息化学习资源，进行自我探究式的学习，形成个性化的知识结构，成为资源的创造者和直接使用者，达到了既能充分利用信息化生态环境展开信息化学习，又能促进信息化环境生态目的的效果。

## 二、区域教育信息化生态环境绩效

绩效最早应用于企业，从字面分析，它是成绩与效益的组合。从管理学的角度看，是组织期望的结果，是组织或个人为实现其目标而在一定时期内的投入与产出情况。对教育来说，影响教育绩效的因素包括：教育环境、教师教学技能和管理方式、学生学习能力、教师和学生的态度以及教育评价等。教育信息化生态环境是在教育生态大环境下的一个表现方面，构建教育信息化生态环境的目的是优化教育环境，促进信息化教育活动的展开，从而加快教育改革，最终目的是促进教育质量的提高，这又与"绩效"的理念不谋而合。

教育信息化生态环境的建设是个系统工作，教育信息化生态环境问题是个整体问题，在绩效理念下，我们应该注重协调前期的人力、物力和财力的投入，整合各种要素，以优化后期产出的教育质量提升学生能力。汉中市位于陕西省西南部，属于西部连片贫困地区，全市 80% 以上学校分布在山区和农村，但这里的基础教育信息化却走在全省乃至全国的前列，因此，我们从平台、应用、评价三个方面分析了汉中市教育信息化生态环境的建设经验。

### 1. 平台绩效

以平台建设为基础，以研究促建设，以建设促发展，加快开放式信息化网络环境构建进程。

网络是教育信息化工程的基础，搭建教育信息化网络平台是构建信息化生态环境的关键。研究实践中我们以平台建设与应用研究为契机，结合电子书包、学习机、智能手机等多种形式加快终端设施普及，促进媒体终端的教学应用研究，推进数字化校园乃至智慧校园的建设，完成了汉中教育城域网中心数据平台建设。全市数字化校园及班班通建设统筹规划，分步推进，为实现"三通两平台"提供硬件环境。比如，领导各县区完成了县级资源平台建设，在全省首次实现省、市、县三级平台互联互通和资源共享，教师可以上传自己的优秀课例、课件和教学反思，也可以下载别人的资源进行学习，它为全市教育教学应用整合提供了资源保障，促进了优质资源班班通应用、教师应用能力和学生的信息化素养不断提升。

汉中专网建设的思路和做法为全省做出了示范，被评为专网建设先进集体，2012年，市教育局对西乡、洋县等七个县平台建设先进集体进行了表彰奖励。同时，在国家的号召下，汉中市积极开展学籍管理平台和学前教育管理平台的建立，目前，中小学电子学籍数据录入工作已经完成，学籍管理平台和学前教育管理平台的建立，并且纵向实现了从中央到地方教育行政管理部门的信息互通，标志着汉中市教育管理工作步入信息化的轨道。目前，汉中市所有中小学已经全部实现校校通，并且在教育实践中形成了电子白板班班通等新模式。

2．应用绩效

以应用研究为核心，以活动促应用，以应用促发展，促使信息化生态环境彰显效益。

构建教育信息化生态环境的最终目的是提高教育质量，办人民满意的教育，而应用是实现目标的有效途径。我们以新媒体应用为切入点加强应用，利用竞赛交流活动拓展应用范围，以应用促发展，促使信息化生态环境彰显效益。在实践中，汉中市以信息化竞赛活动为抓手，重点培养和鼓励骨干教师积极参加大型信息化教学比赛，以点带面地激发了不同学校教师一起来研究与使用新媒体、新技术的积极性。学生也可以利用自己的移动终端在移动互联网的支持下，下载学习优秀的课例、课件进行自主学习，在一定程度上提升了教师和学生的信息素养。

构建教育信息化生态环境的最终目的是提高教育质量，办人民满意的教育，而应用是实现目标的有效途径。我们以新媒体应用为切入点加强应用，促进翻转课堂教学模式的应用以及加强对学生学习能力的培养，促使信息化生态环境彰显效益。

① 以陕西省人人通平台为基础，探索优质教育资源的共建与共享，优化基础教育教学。在实践中，我们借助教育信息化课题研究，让中小学校和教师们积极思考、申报开展研究工作。

② 信息时代需要教师不仅要有丰富的专业知识,还需要具备多种能力的知识迁移运用能力,具体操作能力,实践创新能力以及对学校特定的文化环境的适应能力,信息时代对基础教育教师的专业化发展提出了更高的要求。

③ 搭建网络资源平台,构建生态环境的最终目的是为了提高学生的学习效率,提升学生的信息素养、培养学生自主学习的能力。尤其随着数字科技的不断发展与移动数字媒体的普及,要培养学生掌握移动学习、数字化学习等信息化学习方式,提高学生的信息素养。

3. 评价绩效

以评价研训为保障,以标准促规范,以规范促效益,确保信息化生态环境可持续发展。

建设教育信息化评价体系是教育信息化生态环境健康可持续发展的保障。近年来,随着国家出台了一系列促进教育信息化工作的有力政策,也加大了对许多地区和学校教育信息化工作支持的投资和设备配备,但现实情况是,很多地方和学校的设备闲置,并没有发挥其信息化教学的作用。这正是因为缺乏对教育信息化生态环境的评价标准,无法保障教育信息化环境要素发挥应有的作用,信息化成果产出几乎为零。

因此,必须要建立完善的教育信息化生态环境,在前期的规划决策和管理中必须确立教育信息化生态环境的绩效理念,建立和逐步完善符合教育信息化环境系统发展规律的评价体制,才能保证政策、财力、物力和人力的作用落到实处,才能保证研究成果能够推广。因此,在实践中,我们要注重对教育信息化环境要素的规范管理,制定本市的标准,努力建立健全相应的评价指标体系;要以评价研训为保障,以标准促规范,以规范促效益,创新方法出精品,互相交流促发展,推广成果出效益,努力提高全市广大教师信息化应用能力及科研水平,构建服务于全市教育发展的信息化生态环境,只有这样才能确保信息化生态环境可持续发展。

## 三、区域"三通两平台"生态建设与应用

本部分我们以陕西省"三通两平台"为例进行分析。陕西省作为西

部地区的代表，其教育信息化情况对研究西部地区乃至全国具有一定参考价值。

## （一）加快推进"三通两平台"的生态建设

### 1．加强"校校通"设备的管理与维护

"校校通"的建设虽已初步完成，但有些学校空有先进的教学设备，没有专人管理和维护，出现问题就必须请校外专业人员进行修理与维护，不仅费时间还浪费财力。因此，后期要加强信息化基本设备的管理与维护，确保网络运行流畅、快捷、稳定，使网络通达学校各个场所，实现校园方便上网、绿色上网。

### 2．加大"班班通"资源建设的力度

教育教学资源建设要采取教师自制、商业采购、商业化服务多种方式，要加强教育教学资源的整理分类，让教育教学资源充分共享，实现教育教学资源班班通。要做到这一点，必须要政府和教育部门共同努力，各级教育行政部门要在争取政府支持的基础上，统筹教育系统内部资源向信息化建设倾斜，建立政府主导与市场参与相结合的投入机制。各个市县和各中小学校要把教育信息化基础设施、项目建设和运行维护经费列入年度财政预算，积极引导企业、社会等方面的资金投入，拓宽经费筹措渠道，积极筹措资金，加大投入力度，探索市场投入机制。

### 3．加强"人人通"的推广力度

继续推广网络学习空间"人人通"，丰富人人通的内容，确保"人人联通"通道的畅通，做到让教师、学生和家长主动加入使用群体，体验与推广"网络学习空间人人通"。

### 4．促进"两平台"的优化

当前教育信息化建设过程中，各级教育行政部门及各学校要充分认识到教育信息化建设的重要性，要组织培训学习教育信息化理论，充分认识到"两平台"的作用与意义，改变传统教育思想。教育资源和管理两大"公共服务平台"建设应采取省级或地级教育行政部门负责，建设

初期要充分了解本地域内各学校、各老师、各学生及社会公众需求，制定整体规划与建设分案，各级教育行政部门和各级各类学校要协同配合，各司其职，也要争取教育信息化相关公司、企业及部门积极参与，把"两平台"功能做完整，成为教育信息化的坚强支柱平台。

## （二）促进"三通两平台"的生态运用

### 1. 更新理念，提高"校校通"在教学中的效用

首先要组织教师认真学习和领会信息化教学的思想和理念，转变教师的教学行为和学生的学习方式。利用"三通两平台"信息化教学的动态、跨时空等优势创设师生互动、学生自主学习、主动参与、合作探究的教学过程，逐步克服传统教学思想和教学模式的束缚，使教师由传统的课堂教学向基于的新型教学模式转变。学校在原来校园网基础上要继续探索建设数字化校园、智慧校园，提供足够的信息化硬件条件和教育环境，为师生的教学与学习活动提供便利。

### 2. 促进"班班通"中优质资源的共享使用

"班班通"资源应开放共享，"班班通"应用模式应多种多样，全省一盘棋，分布式部署，分级式管理的共建共享支撑平台，着力提高使用主体的访问体验和个性化服务水平。充分借鉴全国开展班班通应用研究取得的优秀经验，优化资源配置，促进班班通的普及与常态化应用。资源建设不能闭门造车，要共建共享，实现优势互补，提高教育教学质量。

### 3. 深化对"人人通"的应用

重视常规培训，提高教师对"人人通"平台的认知度，实现人人参与的基本目标。也可以通过集中的形式把学生集中起来在老师的指导下进行操作学习，再在广大师生充分了解并接纳的基础上对教师、学生和家长进行再培训，使他们能够掌握了解"人人通"的一些基本操作技能，便于开展学习交流。总之，要让每位教师都能熟练掌握"人人通"平台的操作，从而更好地为教学提供服务。

4．提高对"两平台"的管理应用认知

进一步提高对"两平台"应用重要性的认识，"两平台"的建设关键在于应用，只建不用，且不会用，就违背了建设的目的与意义。要充分认识到应用建设好的平台开展教育教学活动，才能促进信息技术与教育教学的深度融合，才能提高人才培养的质量和效率，学校可以把应用纳入日常教学计划工作中，从根本上提高师生的新设备、新技术应用意识。学校可以开展一些信息化教学交流与研讨评比活动，如定期开展信息技术与课程整合、信息化教学模式创新比赛，提高广大教师的信息专业水平与素养，通过实践体验并认识到"两平台"的内涵。

即将到来的 5G 通讯时代、大数据与智能时代，又将带来一次革新，改变人们的生活和学习方式。"三通两平台"将以更完善的方式应用于信息技术与教育教学深度融合情境。

# 第三章

# 加快区域基础教育信息化师资队伍建设

顺应教育信息化发展大潮流是基础教育发展的必然选择，但是必须清醒地认识到，在教育信息化 1.0 阶段，人们把更多的精力、物力和财力放在教育信息化硬件建设上，而随着教育信息化 2.0 时代融合、创新与引领理念的提出，我们的观念必然发生转变，更要注重促进"人"的信息化，推进区域教育信息化的重点是师资队伍问题。2019 年 2 月 15 日，教育部召开新闻发布会，教育部教师工作司司长任友群提出了 2019 年教师队伍建设的总体改革思路，指出：乡村和贫困地区特别是深度贫困地区是教师队伍建设最薄弱环节，要大力加强乡村和贫困地区教师队伍建设，实施中西部中小学首席教师岗位计划试点，为教育脱贫加油助力，只有坚持信息技术与教育教学深度融合，才能推动教育现代化发展，而实现融合的主体正是教师。在这里，我们主要从学校校长、教师和后备师资队伍的培养等方面进行分析。

## 一、校长信息化领导力的提升

杨宗凯教授指出：信息化是一把手工程，信息化的关键在于"化"，而校长又是"化"的关键，要形成全校的共识，要在党委的领导下共同开展教育信息化才能做好这件事。

1. 更新信息化认识，挖掘与发挥校长的信息化领导力潜力

信息化领导力是信息化时代中小学校长履职尽责的重要能力之一。校长首先要认识到《中小学校长信息化领导力标准（试行）》是新时代对中小学校长提出的基本工作要求，是《基础教育学校校长专业标准》等规

范在教育信息化领域的落实与体现；然后要养成紧跟国家和省、市教育信息化政策文件要求的学习习惯，深刻领会并积极推广《教育信息化 2.0 行动计划》《教育信息化"十三五"规划》以及各省市年度教育信息化工作要点等最新的教育信息化政策与文件精神，保证信息化工作中能有效抓重点、补短板。不仅如此，还要充分认识到教育信息化具有明显的阶段性，不会一蹴而就，应该分为导入、应用、融合和变革四个阶段，不能急于求成，一定要实现量变到质变。最后，校长要敢作为、能担当，带领学校的领导团队和教师们从学校实际出发，引领学校信息化发展，科学规划与建设学校的信息化，在教育实践中充分彰显其信息化领导力。

2．培养与提升校长的信息素养，拓展信息化视野

信息素养是信息时代每一位公民应该具备的基本素养之一，校长也不例外。校长的信息素养作为其信息化领导力的重要组成部分，也是影响其信息化领导力提升的关键。一方面，校长应提高信息意识，掌握信息技术与教育教学深度融合的理念和观念，提高对信息、对技术的认识；另一方面，校长要敢于主动在教育实践中尝试应用不同技术与工具，通过亲身体验，更客观地感知技术与教育融合的效果，增强技术分析意识、扩展技术分析思维以及构建技术分析观念，深入了解教育信息化背景下新的技术方式以及技术理念[1]，拓展信息化视野，提高自身的信息技术应用能力，为推进学校信息化进程中更好发挥其信息化领导力奠定基础。

3．切实推进与完善校长领导力培训，促进信息化学习与交流

培训部门一方面要准确把握《中小学校长信息化领导力标准（试行）》的内容与要求，以便更准确地帮助中小学校长树立信息化意识和理念，夯实教育信息化知识体系，切实提升中小学校长在学校信息化规划、信息化环境建设以及新技术新媒体的购置与应用、信息化教学与竞赛等活动组织实施与评价等方面的能力，促进信息技术在中小学教学、学习、科学研究与管理等方面的广泛应用，推进信息技术与教育教学的深度融合，提高自身专业发展。另一方面，借助培训或者其他有效方式提供校长们之间信息化交流与学习的平台和机会，提供更多、更典型的案例学

---

① 赵磊磊．校长信息化领导力：概念、生成及培养[J]．现代远距离教育，2017（03）：78-81．

校供校长参观体验和学习，并展开深入的研究和探讨。

## 二、中小学校信息化教育师资队伍的建设

### （一）教育信息化 2.0 背景下中小学教师信息技术应用能力的提升

教育信息化 2.0 是在 1.0 基础上的纵深发展，是推进教育现代化的一个更高阶段的目标。近几年来，教育结构不断改革，现代教师观、学生观、师生观、人才观、时空观正在逐渐形成，新型的教学方式、教学制度，教学环境、以及教学模式等都在向着现代化的方向发展。在这种大环境下，作为教育者，有必要更有责任去改变传统的教育模式，构建信息化的教育体系，实现信息技术与教育教学的深度融合，助推教育新形态的形成。2019 年 4 月，教育部印发了《关于实施全国中小学教师信息技术应用能力提升工程 2.0 的意见》，该文件是目前及其今后教师在信息技术应用能力方面提升的重要参考，是深入贯彻我党加强新时代教师队伍建设的重要举措，教师的信息技术应用能力也成为教育督查的重点内容。这表明，中小学教师信息技术应用能力的不断提高已成为教育信息化 2.0 背景下教育现代化发展必须完成的任务。

1. 教育信息化 2.0 背景下关注中小学教师信息技术应用能力的必要性

在现代教育理念和教育目标的指导下，信息技术为教育的发展做出了巨大的贡献。教育信息化 1.0 完成了基础设备的建设，形成了较为完善的融合发展体系，为教育信息化 2.0 提供了坚实的后盾。面对未来教育支持的创新引领的要求和教育现代化的要求，更加需要教育信息化提供多样化、多元化、个性化并促进终身学习的多种新型的教学模式，充分利用人工智能、学习分析等新技术助力教师自身发展。《意见》发布之后，广大教育者要及时解读、准确理解并有效落实，通过学校监督机制和领导培训促进教师应用信息技术、提升应用水平。中小学教师担负着培育未来国家栋梁的重任，如何在中小学阶段达到最理想的教学效果，适应教育信息化 2.0 的时代背景，教育的结构性变革必须建立在信息技

术的基础之上，推动教育信息化的发展。

（1）顺应智能化大环境，建立教育信息化研究平台，优化教学效果。

我们处在大数据智能化的时代，数据在信息化教学改革中占有核心基础地位[①]。在课堂教学中，通过对各类数据的综合分析，我们得出了：哪些教师应该获得帮助、哪种资源最符合学生的认知以及哪类课程应该改进，等等。对于教师个体来说，对数据进行分析能够及时帮助教师认识到自己在传统教学方面存在的不足，以便于针对不足做出改变。中小学生自主学习能力较差，大都需要教师的监督。而传统的师生面对面的课堂教学模式无法满足新课程改革的基本要求，利用现代信息技术手段弥补传统教学的不足是大势所趋。中小学教师应该顺应智能化的时代，利用教育信息化平台对传统课堂中出现的问题深入分析，加以改进，提升自己的信息技术应用能力，充分发挥信息化教学的优势。

（2）借助互联网，共享丰富教育资源，激发信息技术革命。

为了适应教育信息化 2.0 时代的要求，逐步完成"三全两高一大"（即教学应用覆盖全体教师、学习应用覆盖全体适龄学生、数字校园建设覆盖全体高校、信息化应用水平和师生信息素养普遍提高）的培养目标，必须把信息技术应用到教育教学中去。中小学生书本上呈现的知识都是必要的基础内容，更新速度较慢，他们搜集信息的能力又很小，教师可以将与课程有关的各类学习资源通过网络直接传输给学生，学生在家长的监督下通过学习终端自主完成网络资源的学习，有利于教师了解每位学生的学习状态，兼顾全体学生的发展。[②]这样既激发了学生的学习兴趣，又充分体现了学生的主体地位。所以，教育信息化 2.0 背景下中小学教师的信息技术应用能力水平越高，越有利于教育资源的共享和发布，越能激发信息技术教学的变革。

（3）实现信息技术与教育教学深度融合，推动教育现代化。

从近几年的发展来看，我国教育信息化事业取得了明显的进展，信息化环境建设速度加快，数字化资源体系初步建成，教育基础设施建设初步完成，形成了教育信息化的战略部署。教育信息化 2.0 的主要目的在于培养人，提高教师和学生的信息素养，实现信息技术和教育教学深

---

① 刘革平，等.教育信息化 2.0 视域下的"互联网+教育"要素与功能研究[J].电化教育研究，2018，39（09）：37-42+74.

② 谢雪英.小学教师信息技术应用能力调查研究[D].福州：福建师范大学，2015.

度融合。因此，在教育信息化 1.0 硬件建设的基础之上，我们务必重视教师素养的养成，尤其是教师应用信息技术的能力。中小学生对图片、音频、视频等混合媒体更加敏感，这就要求教师在教学中应该采用多种媒体结合的教学资源授课。所以，中小学教师应该树立信息化的教育意识，提升自身的信息技术应用能力，探究解决课堂教学问题的新途径、新方法。

2．教育信息化 2.0 背景下中小学教师信息技术应用能力提升策略

教育信息化 2.0 背景下，教师在信息技术教学方面固然存在一些问题，作为教育者如何从信息技术应用能力标准的五个维度出发，合理运用互联网去优化、弥补教学漏洞，促进中小学教师信息技术能力的提升。

（1）应用信息化的技术资源，提升教师的技术素养。

当代的教师已具备一定的技术素养，但是部分教师使用技术资源的意识较薄弱，不能主动应用信息技术手段辅助日常的教学。针对这一现状，学校应该从教师使用的最基本的教学媒体入手，通过鼓励教师从思想上认同并接受新型教学媒体，大力普及教学媒体的类型及其使用的特点，培养教师探究应用引导学生多样化学习的信息化的技术资源进行授课。在日常的教学过程中，学校可以举办应用信息技术授课的比赛，对教师的技术划分等级，并给予优秀教师荣誉证书。在比赛中，教师会对自己的技术水平有一定的了解，也会向优秀的教师学习，对信息技术产生兴趣，潜移默化的提升自身的技术素养。应用信息化的技术资源授课，更迎合信息社会的发展，更突出教育信息化 2.0 创新发展的一大特征。总之，教育者应该克服把信息技术仅仅视为教学工具的思想，主动应用信息化的技术资源，用信息技术手段优化课堂效果，转变学生的学习方式，提升教师技术素养，促进教师信息技术应用能力的提升。

（2）运用互联网的教育教学资源，提升教师的计划与准备能力。

随着经济水平的不断提高，发展较好的学校已经具备了信息技术与课程整合的物质条件，但是仍有部分发展落后的学校并没有及时更新信息技术设备。对于这类学校，首先需要的是大力完善硬件设备，保证师生在课堂上能够方便有效的使用。在此基础上，对于教师多沿用与书本知识相同的课件授课，设计的数字教育资源不完善的问题，需要从教师自身的能力水平出发。教师在授课前，应该对授课对象进行学习特征分

析，了解中小学生的认知特点，依据教学目标的要求，选取适合学生的教学方法，对于一些传统的教学方式难以解决的教学重点和难点知识，教师可以通过互联网搜索，应用信息技术手段展示出来，便于学生学习。比如，针对一些学科名词定义或抽象的概念，教师可以从网络上查找有关的视频或者动画插入到课件中，帮助学生理解。另外，教师还应该在课前，对将会使用的资源、计算机设备进行调试，预测课上应用时可能会出现的所有问题，尽早做出解决的对策。

（3）定期开展校本培训，提升教师的组织与管理技能。

作为新时代的教师，每个人都具备一定的组织与管理技能，但是在使用信息技术工具的教学过程中难免会遇到未知的特殊情况，部分教师的教学应变能力还不够成熟。为了培养一支适应教育信息化 2.0 背景的新时代中小学教师队伍，充分发挥信息化教学设备的优势，每个学校应当依据本校的实际情况和中小学生学习内容的具体要求，每学期定期开展有针对性的现代信息技术的校本培训，提高中小学教师的组织与管理技能，进而提升信息技术教学应用能力。培训的形式有：聘请专门技术人员教授信息技术设备及教学音响设备的日常维护技巧；聘请专家开展新型教学媒体的使用技巧讲座，包括媒体与学生之间的距离等，给学生创造良好的课堂体验感。培训方式初期是教师线上自学，当教师掌握一定维护和使用技巧之后，学校应安排专家及相关技术人员对教师进行集中培训。此外，教师在课堂教学中，应该经常使用技术工具记录学生的表现情况，分析之后及时对自己的教学做出调整以配合学生的发展，全面提升教师的组织与管理技能。

（4）顺应信息时代发展潮流，提升教师的评估与诊断能力。

教师的评价和诊断对学生的学习发展非常重要，信息化的评价机制是在信息化的教学环境下对学生线上学习效果的反馈。教师虽然掌握一定的评估与诊断方法，但是信息技术评价能力有限。为了顺应教育信息化 2.0 的大背景，教师需要提升自身的信息技术应用能力，使用信息化的网络评价机制。一方面，教师仅仅应用成绩单等对学生进行评价是远远不够的，学校应该定期更新、优化教师的网络评价系统。例如；电子档案袋系统、成绩管理系统等。另一方面，学校应该加大力度关注不会熟练操作此类系统的教师，给予他们帮助，鼓励教师积极实践。与此同时，教师不仅要关注结果性评价，更应该关注学生的过程性评价。在学生的日常学习中，定期利用在线测评系统对学生的学习情况做出判断，并鼓励学生进行相互评价，发现教学中存在的问题，及时做出改变。从提高教师的评估与诊断能力入手，把传统评价方式易于实践的优势与信息化的网络评价机制准确度高的优势结合起来，在过程性评价和结果性评价中一同促进教师信息技术应用能力的提升。

（5）发挥信息技术优势，实现教师的学习与发展。

新时代的教师具有一定的学习与发展目标，但是从需要达到的基本要求来看，他们并没有熟练掌握教师专业发展需要的技术方法，对信息工具的使用方式倾向于传统化，缺乏信息知识和信息意识。在教育信息化 2.0 的大背景下，教育者应该探求应用信息化手段的授课模式，充分发挥信息技术的优势，突破问题解决。通过互联网建立教师学习交流平台，定期与信息技术方面的专家交流沟通，听取前辈的建议，促进自身专业能力的发展。另外，学校可以在本校网站上建立一个教学资源库，鼓励教师把自己优秀的教育资源上传至网站并及时更新，其余教师可以自主进入网站进行学习，不断提升教师的教育教学能力。这样一来，可以促进每位教师自身信息化教学水平的提高，教师有更多的机会使用信息技术，就能够在平时的一点一滴中提高自身信息技术应用能力。

教育信息化 2.0 的发展趋势将推动新一轮教育现代化的改革步伐，迈向数字化、网络化、智能化需要每一个教育者不断摸索。为了适应信息时代的发展，教育者应该在技术变革中从思维层面到行动层面认清教育本质、转变教育关键，从自身做起，不断提高自身的信息技术应用能力，实现知识理性和技术理性的和谐共生。

## （二）促进城乡基础教育学校教育信息化师资的均衡发展

近年来，我国基础教育无论是从普及率还是从入学率来衡量，都有了很大的提升，但是，基础教育还存在许多问题，其中，教育的城乡非均衡发展问题日渐凸显，尤其是城乡学校师资配置的不均衡成为制约基础教育发展的重要因素之一，实践表明，城乡学校间师资不均衡现象明显，许多优质教师资源流入城区或经济较发达地区，进一步拉大了城乡学校之间的教育差距。而教育信息化为均衡城乡学校的师资提供了必要的平台。

1．基础教育阶段城乡学校师资均衡发展的必要性

（1）能有效减小城乡教育差距，提高教师教育教学质量。

师资均衡发展是基础教育均衡发展的关键。众所周知，教师是提高学校教育质量的关键因素，师资的均衡化发展是实现基础教育均衡发展的关键所在。在传统的城乡结构下，城市教师与农村教师在资源配置上有极大的差距，并呈现出扩大化的趋向。虽然政府部门在政策上有一定的倾斜，在流动模式上也采用了多种手段，如支教、定期轮岗、培训学习等等，但以上方法发挥的作用还是受到了很大约束。统筹城乡一体化可有效地运用各种流动模式，极大地提升了城乡的综合教育教学质量，充分调动了广大教师教学的积极性。教育信息化的逐步实现，使教师资源得到一定的发展，弱化了一些外在因素对教师的影响，使得城乡学校教师能够主动互相学习，取长补短。师资的均衡化发展缩小了城乡学校间的教育差距，提高了农村学校教育教学质量。

（2）充分实现教师资源优势互补。

教育信息化建设为城乡学校基本上提供了相同的设施设备，但城乡学校与农村学校的教育各有特色，农村教育具有城市教育所不具备的特色与优势，具有与自然相结合的先决条件。即城市教师到农村学校任教，不单是肩负着示范的角色，更承载着挖掘农村特色的使命。而农村教师到城市学校学习，不仅获得了先进的知识和教学手段，也将农村的实践心得带给了城市。因此，城乡教师的均衡是一种相互的学习和借鉴，在这个过程中，教师的能力和素质将会得到创造性的提升。教师资源均衡并不必然带来教育质量的均衡，把优质教师资源转化成较高的教育质量，还取决于生活条件、工作环境、区域与学校文化等众多因素。各级部门要采取多种有效激励机制，建立学科群网站，吸收与整合全国各地优秀教师所积累的资源，实现资源共建共享。

（3）促进城乡间教育一体化发展。

当前国家财政大力发展农村学校远程教育和网络课堂来解决学生的信息化学习，这样不仅能使农村中小学生分享城市里最优秀教师的授课内容，还能促进城乡学校教师之间、学生之间、师生间进行相互交流学习，缩小城乡学校间的教育差距，促进城乡共同发展。当前城乡教育资源分布的过度不均衡，导致农村学生享受优质教育的机会较少，城乡师

资均衡发展的重要作用就是可以把城市里最优秀的教育资源通过网络、电视、广播等方式引入农村地区，拓展、丰富和革新农村学生的学习视野、观念、模式、内容和方法等[①]，让农村学生与城市学生享受一样的优质教育。农村教师去城市进行信息化教育进修，促进教师自身的成长，充分实现农村师生与城市师生的"学习"需要。城乡学校师资均衡发展能不断缩小城乡学生之间的教育差距，促进城乡学校教育一体化发展，也是中国教育事业在信息化背景下实现可持续发展的重要措施。

2. 教育信息化背景下城乡学校基础教育师资的均衡发展策略

教师资源是基础教育的支柱，而其均衡配置直接决定着基础教育的均衡发展，是基础教育实现公平发展的必由之路。目前，我国地区之间、城乡之间、学校之间基础教育师资配置的不均衡。近年来，国家在促进教师资源均衡配置方面也采取了一些有针对性的措施：绩效工资制度、免费师范生政策、中小学教师国家级培训计划、高校毕业生到农村任教的"特岗计划"以及教师职务结构比例向农村学校倾斜等等。教育信息化背景下，实现城乡学校义务教育师资均衡发展是教育均衡发展的当务之急。

（1）加强城乡教师的交流学习，促进农村教师教育信息化观念的转变，减小城乡教师的理念差距。

在教育信息化背景下，要有效促进教育信息化建设，首要要转变教师的教育信息化观念。教师教育信息化观念的转变有以下两方面。

一方面，通过观摩教学实现教师教学思想的转变，加强教师对信息化的认识和理解。信息时代的今天，教师的主要任务是要教会学生怎样在教育信息化环境下学习。学校在信息化教育培训中，应使教师注重利用现有的教育资源为创设利于培养学生信息素养的学习环境。教育信息化为教师的教学提供了更好的环境，促使教学进一步顺利开展。城乡学校间在教育信息化发展不均衡背景下，形成了不同的教学方式、教学模式，因此可以组织城乡学校间教师的相互观摩，促进交流。教师首先应从传统意义上的知识传授者转变为学习的组织者和协调者，转变教育教学观念，学习现代教育思想，树立正确的教育观、人才观，提高对现代信息化的认识，把握教育信息化带来的新的教育思想、教育模式和教育方法。

---

① 贾建国. 城乡教师交流制度的问题及其改进[J]. 教育发展研究, 2008( 20 ): 11-15.

另一方面，通过网络研修增强教师对区域和学校文化的认同。教育信息化、教育现代化已经成为国家和社会对每一位教师的基本要求。因此，我们不仅要强化教育信息化建设，更应该注重在建设过程中整合各种教育教学资源，引导和帮助学生进行更有效的学习。文化是教师发展的重要维度，是影响教师发展的深层次因素。因此，在教师发展过程中，应增进教师对本区域文化底蕴的认识，增强教师对所在区域的服务意识与长期任教的信念，培养有扎根地方教育的精神、具备服务区域教育能力的专业化教师[①]。学校的文化精神对师生的影响是潜移默化的，学校应该注重校园文化培育的持续发力，增进教师对校园文化的认同感。

（2）健全科学的城乡教师管理与流动机制，保障城乡学校师资均衡发展。

要尽快缩小城乡学校间的差距，促进城乡学校教育均衡发展，必须着重抓好教师队伍建设，建立科学合理的教师管理与流动机制。因此，我们应从以下几个方面来着手解决问题：

① 管理教师应该将行政手段与经济手段相结合起来，促进岗位合理流动。国家和相关部门应该以经济手段为主、行政手段为辅，而且行政手段应该更加人性化，农村学校要给予更多的政策倾斜，给教师提供更多的发展机会，这样就能留住更多的教师和优秀人才，对学校的发展具有更重要的现实意义。

② 建立定期交流与轮岗制度。在现今教育环境下，我们要进一步打破师资资源不均衡的状态，促进师资均衡配置，建立基础教育阶段校长和教师定期的交流合作与轮岗制度。这项制度不仅能激发教师自身的教学积极性，能鼓励教师积极实现自身价值，促进各个学校先进教学经验的交流，为落后的学校带去先进的教学方法和成熟的教育管理经验，充分实现各项资源整合，而且可以为实现本区域内部学校之间优秀校长和优秀骨干教师的资源共享搭建平台。

③ 建立城乡教师流动的管理机制。对城乡教师流动实施统筹规划和管理，根据城乡教育发展的需要建立多元化的城乡教师流动运行机制，提供多样化的、灵活的、可供教师依据个体情况自愿选择的流动模式，并辅之以不同的评价与监督机制，鼓励城乡教师之间的合理流动。国家

---

① 吴明芳. 统筹区域城乡学校一体化发展策略探析[J]. 科学咨询（教育科研），2012（10）：1-3.

的政策制度可推进城镇教师特别是优秀、骨干教师到农村学校支教，促进城乡教育的双向沟通和良性互动;农村学校还应加大培训经费的投入，增加教师培训机会，建立形式多元的农村教师和校长培训机制，建立城乡一体的培训课程资源库和师资库,加强城乡教师间的经验交流与分享。

④ 制定和完善基础教育阶段教师人事制度与奖励制度的具体措施，对教师在城乡之间和学校之间的交流与合作的奖励给予一定的保证。在教育信息化背景下，积极拓展教师交流与合作的有效路径，改善农村学校的薄弱环节，提高教师交流与合作的各项标准，增强教师对城乡之间以及学校之间的交流与合作的吸引力。在现行教育管理体制下，各级教育行政管理部门要加强教育信息化的检查力度。此外我们应不断进行教育信息化评估体系的研究，逐步建立起一套完整的教育信息化评估指标体系，使我国教育信息化事业走向良性发展的轨道。

（3）加强教师信息化技术培训，提高教师的信息素养和现代教育技术教育教学能力。

教师的信息化技术培训是提升教师信息化综合素养的重要措施。培训要对全体教师进行培训，使每位教师都能进行单机教学和网络教学。对于农村教师的教育信息化培训应注意：一是要通过多种方式进行教师培训，给教师提供更多的培训机会，实现按需学习，快速提高教师的信息化教学能力；二是要根据年龄和学校差异分别进行培训。教师的年龄和学校的差异使得教师对教育信息化的各方面认识和理解都不尽相同，所以要根据教师的差异进行分组培训，教师可依据自己的情况进行模块选择学习，如此可以提高教师的学习兴趣，激发教师的学习动机。三是领导要积极引导，加强教师培训，鼓励教师利用现有设施，充分应用信息化手段进行教学和科研工作。

教师的信息素养包括信息意识、信息伦理道德和信息知识与技能。在培养教师信息素养过程中，不仅要注重教师信息化观念、思想等的转变，更要注重教师信息化教学能力的培养，两者结合才可达到良好的效果。要提高教师的个人教学能力，一方面教师可通过继续教育、在职学习和教师培训来提高自身的信息技术能力；另一方面，教师必须主动学习，积极与其他老师进行探讨交流，总结经验，运用信息技术手段增强自身的信息技术运用能力，以提高自身的现代教育技术教育教学能力。

学校是教师进行教育信息化的主要场所，因此学校不仅应注重专业性人才的补充，为教育信息化注入新鲜的血液，还要鼓励教学人员充分运用现有的教育资源，探究并开展多样化教学模式。学校更要积极开展信息化技能培训工作，指导教师学习和使用信息技术，提高全体教师信息技术的整体水平，缩小城乡学校间教育信息化的差距，这对区域内师资均衡发展具有十分重要的现实意义。

近年来，我国基础教育阶段的师资均衡发展已不再是一个理论问题，而是一个严峻的实际问题。教育信息化是基础教育阶段城乡学校间实现师资均衡发展的重要手段，我们必须加强中小学教师的教育信息化教育，加大学校教育信息化的软硬件建设力度，从而保障基础教育阶段师资力量的均衡发展，为这一目标提供科学的运行策略与实践依据。

随着信息时代的来临，基础教育领域发生着前所未有的变革，信息时代的科学技术将渗透到基础教育均衡发展的核心环节，对基础教育均衡的研究将产生巨大冲击。信息技术为破解基础教育均衡难题提供了技术支持，也提供了更为真实的数据和客观的依据。云计算的出现使我们不得不革新研究思路，重构研究方式，重新审视对基础教育均衡的研究。

## （三）新时代中小学教师专业发展

### 1.“互联网+”背景下中小学教师专业发展

“互联网+”新时代背景下，中小学生的成长环境处处与网络密切联系，中小学生信息素养的培养已成为必然要求，作为教师，应该发挥带头作用，学会利用网络进行终身学习，不断提升自己的专业能力和信息化教学能力，“互联网+”为教师的发展提出了挑战也带来了机遇。

（1）“互联网+”对中小学教师专业发展提出了新要求。

“互联网+”背景下，校园建设越来越信息化，交互式电子白板、智能电视、平板电脑等基于计算机网络的新教学手段进入校园，为中小学教师专业发展提供了丰富多样的学习资源以及多元化的学习渠道，同时也为中小学教师专业发展提出了新要求。

① 教师要有良好的信息素养。

交互式电子白板、智能电视等新的教学手段，能更好实现师生、生生交互和人机交互。与传统的教学手段相比，新教学手段的视听结合的特点，可以帮助中小学教师更灵活地呈现教学内容，可根据中小学学生的年龄特征及个体差异选择更合理的教学方法和教学资源，大大提高了教学效果。因此，在"互联网+"背景下，信息素养成为教师需必备的一项综合性指标，教师要能够判断什么时候需要信息，懂得如何去获取信息，如何去评价和有效利用所需信息，如何将信息技术与教学活动进行有效整合。

② 教师要转变自身角色。

"互联网+"背景下，要求教师意识到自身角色的转变。新时代背景下，信息获取的方式和信息数量的扩大，意味着教师要不断更新教育观念和知识，不断学习前沿知识。新时代背景下，师生之间是教学相长的关系，教师既是学生学习的引导者，也是一个学习者。教师要实现专业发展，不仅要重视知识的学习，还要重视能力的提升。教师作为研究者和合作者，要积极参与教育科研工作，与同事之间紧密合作、互相帮助，不断提升自己的实践能力和教育科研能力。

③ 教师要树立终身学习的理念。

"互联网+"背景下，微博、微信、论坛、博客等社交媒体使用非常广泛，教师可以随时随地获取各种学习资源。不同地域和层次的小学、中学、大学之间的交流学习更加方便，教师要学习其他教师的先进思想和教学经验，对自身的教学经验进行反思，不断提升自身能力。"互联网+"为教师提供了更大的学习平台，教师之间的个体差异性和教师专业发展的阶段性，意味着教师个体有不同的学习需求，慕课等远程教育的形式，不仅能满足教师的不同学习需求，还能够克服时间和空间的限制，使教师学习到之前无法接触到的知识、技能，获得来自世界各地优秀专家的专业指导。在"互联网+"背景下，教育资源极大丰富，需要教师有强烈的自主发展意识和鲜明的主体立场，树立终身学习的理念，利用"互联网+"这一技术平台，更好地实现专业发展，不断提升自己的业务水平。

（2）"互联网+"背景下中小学教师的专业发展建议。

互联网以开放、资源共享、信息量大、涉及范围广、多元化的特点，为中小学教师专业发展创造了有利条件。它以跨学科、跨学校、跨地区、获取信息快速全面的优点，为中小学教师提供了新的学习渠道，使中小学教师能有足够的动力寻求自身专业发展。

① 正确认识教师专业发展，重视自我反思。

新时代背景下，随着教育观念的转变，教育工作者有了不同的身份，既是引导者、开发者，也是研究者。因此，中小学教师应该正确认识到专业发展对自己和社会的意义。从教师自身的处境来看，教师专业发展就是对自身知识和能力的有效提升。教师专业发展具体内容包括教师的专业理念、专业知识、专业能力及专业情意①。专业理念就是教师为人师表，是学生的榜样，要有职业道德、有自己的理想和追求，抱着终身学习的理念，不断学习新的知识和技能，提升自身能力。专业知识就是教师作为一个专门的职业，主要包括：教师如何掌控课堂、合理实施教学环节、有效管理学生、正确评价教学结果和教育科研能力。专业能力是教师的教学组织能力，主要包括：教师如何掌控课堂、合理实施教学环节、有效管理学生、正确评价教学结果和教育科研能力。专业情意是教师对教育事业的情感态度与价值观的融合，是教师职业道德的集中体现，也是教师专业持续发展的根本动力。中小学教师通过自我反思和学习，明确自己的角色和地位，充分理解教师专业发展的主要内容，就能正确认识教师发展的内涵。

② 利用现代化的社交媒体和数字资源，提高教师自主发展意识。

"互联网+"背景下，中小学教师获取信息有很多可以选择的途径，如：电脑、智能手机等。移动互联网的全面覆盖使人们的交流方式和范围在不断地扩大，获取信息资源更迅速，针对中小学教师专业自主发展意识不强的问题，或许可以利用现代社交媒体和数字资源找到有效的解决方案。

一方面，自媒体扩展了自我发展的渠道。微信、QQ、微博甚至抖音等社交软件，可以让教师轻松分享教育心得和教学经验。教师、学生、家长三者之间的关系紧密相连，社交软件为他们进行及时沟通，相互了解提供了便利；社交软件人人都能接触到，操作简单，中小学教师有更多的机会接触到专家学者们，从他们身上学到知识和经验。教师可以充分利用碎片时间，学习到更多有利于自身专业发展的理论知识和实践技能。

另一方面，数字资源极大支撑了教师自主发展所需。互联网不受时

---

① 朱远平．教师专业发展核心素养：内涵特征与内容框架[J]．教育科学论坛，2017（31）：35-38．

间和距离的限制，教师可以随时随地通过网络搜寻所需要的信息。目前，教育领域广泛利用互联网技术，教师获取学习资源不再受时间和距离的阻碍，慕课等远程教育的形式为中小学教师提供了学习平台。中小学教师可以借助丰富的数字教育资源和便利的社交媒体，最大化地发挥教师的自主性，不同层次的教师，有不同的经验和感受，所处的阶段不同，自然是有不同的需求，教师可自行选择学习内容和学习方式，有助于提升教师自主意识。

③ 加强个人知识管理，丰富和优化教师的知识结构。

一些中小学教师意识不到自己的知识结构到底存在哪些问题，找不到自己需要改进的方向，主要的原因是对自己的知识结构不了解，也无从下手来分析。教师可以充分利用互联网，借助概念图软件，对个人知识体系进行整理分类、分析、完善，有利于教师从不同的角度发现自己的知识结构中存在的不足之处，从而进一步认识自己、积累经验、相互交流和学习，不断提升自身能力，逐渐实现专业成长。

④ 开展网络教研，为教师创造专业实践机会。

校本教研是教师依据自己多年的经验，对本校当中实际中问题展开探究，寻找合理的解决方案的过程，需要教师亲身参与的实践研究活动。校本教研是中小学教师专业发展的有效途径[①]，组织者应充分利用互联网的优势，提出更具时代特色的校本教研形式，为教师创造了更多实践机会。网络教研是基于"互联网+"背景下的一种新式的教研形式，有别于传统教研方法，实现了互联网与教育科研的整合，为教师的教研活动创造了新的手段与内涵。开展网络教研，组成教研小组，全校教师都可以通过 QQ 群交流，参与校本研究，有利于教师充分收集本校的实际情况；教师可以通过远程教育、在线课程的方式，获得专家的指导，中小学教师接受培训学习的费用低，可以不受时间和距离的限制；网络教研的形式有新意，能吸引更多中小学教师的注意，教研活动能更容易地开展，提升了教师自主发展的意识，为教师赢得了时间和实践机会。通过网络教研可以提升中小学教师的自主发展意识，提高校本教研的参与度，教师间相互合作，共同进步。

"互联网+"背景下，真正有效实现中小学教师专业发展，最重要的

---

① 李志远. 基于校本教研的教师专业发展研究[D]. 湘潭：湖南科技大学，2012.

是中小学教师要有终身学习的理念和自主发展的意识，找到自己在专业发展中、在区域教育活动中的位置与方向，主动反思，正视自己的弱点和问题，努力学习、积极实践、积累经验。

2．教育信息化 2.0 背景下中小学教师专业发展

随着教育信息化 2.0 的提出，教育信息化的建设与应用不断推进和深入，中小学教师的专业发展随之加入了许多新的内容，同样也面临着机遇和挑战。中小学教师要从专业理念得以增强、专业知识更加丰富、专业能力得以提升、专业情意更加浓厚四个方面来促进自己的专业发展。这就需要中小学教师具备较高的信息素养，让应用信息技术成为一种习惯和意识。通过积极运用网络技术和智能技术，提升中小学教师的信息化教学能力，将信息有效应用到教学、学习中。

（1）教育信息化 2.0 背景下中小学教师专业发展的必要性分析。

步入历史的新阶段，为培养新时代所需要的人才，教育信息化将成为教育革新的内在驱动力，教育现代化的进程将被进一步推进。无论从宏观的国家战略还是从微观的教学应用层面来讲，教育改革成败与信息化教学创新发展水平高低直接取决于教师的专业发展。中小学教师专业化的发展离不开教育信息化的建立，两者相辅相成。

① 教育信息化 2.0 背景下，时代呼唤中小学教师持续的专业发展。教育信息化对教育提出了许多现代化的发展期望与要求，同时也对中小学教师的专业发展要求越来越高，中小学教师要保持终身学习的心态，随时掌握教育领域的前沿知识和发展动态。

② 教育信息化 2.0 背景下，增强中小学教师创新意识需要中小学教师的专业发展。各种信息技术为中小学教师创新意识的培养提供了平台和机遇，教师可以通过信息技术相互交流学习，结合自身的教学实践不断地思考创新，使自己的教学模式愈加适合学生。教育信息化 2.0 将"创新"一词提到了战略地位，教师创新意识的提升有利于培养国家需要的创新型人才。

③ 教育信息化 2.0 背景下，提升中小学教师信息素养需要中小学教师的专业发展。教育信息化 2.0 不单单要求学生把握应用信息技术的本领，还要求学生有良好的信息素养，使通过应用信息解决问题成为一种习惯和意识。教师作为学生学习的领路人，理应具备比学生更强的信息

素养，这样才能实现理想的教学效果，促进教育教学质量提升。

（2）教育信息化 2.0 背景下中小学教师专业发展策略。

① 大力提升教师信息素养，增强教师专业信念。

《教育信息化 2.0 行动计划》中明确提到：着力提升教师信息素养，推进教师对人工智能等新技术革新的适应性，使教育教学活动得到有效而积极开展。中小学教师作为现代教学过程中的主要推动力，及时对中小学教师的信息素养进行全面提升，可以更加有效地提升我国中小学的教育质量。中小学教师要充分意识到信息技术对现代教育的重要性，以坚定不移的态度打破陈旧观念，以饱满的热情促进新技术与教学的有机结合。中小学教师还可以运用研究性学习的理念，针对信息素养发现自身的不足，针对性改善的同时，也逐渐提高了自己的工作热情。中小学教师要不断增强自身的专业信念，以便更好地促进自身的专业发展。

② 开展混合学习，丰富教师专业知识获取途径。

《教育信息化 2.0 行动计划》的出台使"互联网+教育"有了具体的实施方案。教师可以作为混合学习中的学习者，充分利用"互联网+教育"带来的优势，使教师获取专业知识的途径更加多样化。混合学习可以融合传统和在线学习两种方式，变革传统模式，使中小学教师能够随时随地学习到专业知识。传统的培训更多地强调教师在教学过程中应发挥主导作用；在线的学习除了可以通过视频、资源浏览、课件观摩这样简单的方式学习专业知识之外，还可以实现全网中小学教师之间更广泛的经验交流、资源分享，在不同地域、不同专业知识的碰撞下，中小学教师获取的专业知识也更加多样。混合学习环境有效地融合了线上、线下两个空间，能够使中小学教师实现学习环境与方式的自由变换，以更加灵活的方式开展中小学教师的专业知识学习活动，丰富了中小学教师获取专业知识的途径与内容，更有效地提升了中小学教师的专业发展水平。

③ 丰富智能时代的教学形式，提升教师现代化专业能力。

智能成为教育信息化 2.0 阶段至关重要的词语。随着智能时代的来临，智慧教育的条件已逐渐具备。与时俱进的教学形式对中小学教师的教学质量具有重要的导向和规范作用。在智能时代背景下，要发展创新思维，丰富教学形式，适应智能时代的发展趋势。无纸化教学、虚拟课堂、在线学习、碎片化学习等成为智能时代下教与学的新常态。①中小学教师可以充分利用智能信息技术，将自己的课程以碎片化、网络化的形式呈现出来，提高自己制作网络课程的专业能力，这样也可以使学生通过更多的途径来进行学习。但在实际教学中，尽管各式各样的智能化教学形式给传统的教学形式带来了前所未有的挑战，但传统的教学形式中教师讲授、问答等形式仍不能被完全取代，教师在丰富教学形式的同时，要充分认识到智能化的教学方式是对传统教学形式的一种补充和优化。中小学教师要善于把传统的教学形式与智能化的教学形式相结合，不断提升自身适应智能信息技术补充教学的专业能力；根据不同的教学内容将两种方式灵活应用起来，做到优势互补、取长补短，以达到良好的教学效果。

④ 缩小教师专业发展动力差异，促使教师专业情意更加浓厚。

教育信息化 2.0 提出了融合创新的发展方向，以生态系统的角度来审视教育信息化 2.0，就是要在开放多元的环境下使生态种群之间互利共生，从而达到系统的动态平衡、协同发展。教育信息生态系统是指在一定的信息空间中由教育信息、人、教育信息环境组成的相互作用的自我调节的自组织、自适应系统。②就目前来看，中小学教师专业发展动力存在差异的问题主要发生在农村和城市的普通中小学，造成这种现象的主要原因是这些中小学的教师受到学校硬件条件的限制和教学氛围的影响。首先，政府及相关部门应加强对这些中小学的资金投入，让其拥有运用信息化的硬件条件；其次，中小学教师应树立教育信息生态系统理念，将自身作为该生态系统的主体，信息化为教师提供了开放的学习平台、供应优质的教育内容，教育信息环境在促进教师发展方面发挥着不可替代的作用。

通过网络的方式拉近了中小学教师之间时空上的距离，使教育公平的实现变得更加容易。教育大数据对这些学习资源不断地进行优化，教育信息也随之变得越来越准确，为中小学教师提供了便捷而有效的学习内容，由此形成了系统的整体关联，实现系统的动态平衡，逐步使

① 郭柏林，孙志远 ."变"与"不变"：人工智能挑战下的高师院校师范生培养[J]. 教育评论，2019（3）：115-120.
② 朱永海，张新明 .论"教育信息生态学"学科构建[J]. 电化教育研究，2008（7）：84-89.

中小学教师的专业情意更加浓厚，促进农村地区和普通地区中小学教师的专业发展。

## （三）中小学创客教育师资队伍的建设

创客教育将学习看作是一个需要学生本身去高度参加和尝试的学习过程，在这个过程中，老师并不是主导者，而是通过建设一些项目来促成学生对各种知识的获取和了解，以师生互动为本质推进学生的学习和思维能力，使学生在实践的过程中得到快乐，拥有自主学习的意识，最终达到开拓思维的目的。从这个角度来说，创客教育就带来了创新型思维变革，它使学习趋于个性化，在创客教育的过程中每个学生都能有属于独自己的个性和发展方向，在这样的背景下，更需要教师对学生的学习和发展做出积极引导和及时帮助。

1. 中小学创客教育师资队伍建设的必要性

（1）它是各中小学培养信息时代创新性人才的现实需求。

在信息时代到来之前，人们的学习模式与学习过程都是相对单一的，知识的传递也只能以面对面的方式进行，人们普遍认为创新知识属于科学家研究的内容。但对于信息时代的人们来说，创新是属于每一个人的任务，我们有必要从小就培养学生的创新意识和与此相匹配的动手能力。学校是人才培养的专业场所，教师则是培养学生各方面知识与能力的专业人才，中小学创客教育师资队伍的建设是培养信息时代创新人才的现实需求。对于汉中市的各中小学校来说，总体上创客教育的发展并不是很快，其中最主要的原因就是相关师资力量的欠缺，不足够引领和支撑创客教育在学校的普及发展，汉中市中小学创客教育教师的培养工作任重而道远。

（2）它是各中小学培养德智体美全面发展人才的必要条件。

教师是学生的领路人，首先要有足够的知识与能力，也要能与时俱进，跟上新时代、新形势的发展要求。创客教育教师的存在，可以让中小学学生有必需的依靠去学习相应的知识。他们在学习的过程中遇到问题时，可以寻找同学的帮助，更可以在老师那里得到良好指导。足够的师资力量是教学活动最基本也是最重要的前提与保障。对于汉中市的各中小学来说，创客教育起步太晚，发展时间太短，师资力量不充足，现阶段还不能将创客教育普及起来，大多数还属于社团活动的兴趣自愿范畴，参与情况没有持续性和确定性，这成了学校德、智、体、美全面发展创新性人才培养工作的短板，汉中市的创客教育师资力量培养工作迫在眉睫。

（3）它是加快现代化教育均衡发展的必要途径。

目前我国已经吹响加快建设教育现代化的时代号角，然而总体上来说还处于早期起步阶段，各地发展不均衡，许多中小学中会用、善用信息化教育资源与手段的老师还比较少，我国实施教育信息化还有很长的路要走。而创客教育的师资队伍建设工作不仅能够丰富学生的学习内容，改进教师的教学模式和教学过程，促进科技运用于教育教学领域，也有利于促进我国教育现代化的发展与实施。

创客教育在国内起步较晚、发展较慢，在汉中市各中小学的发展情况更是不理想：许多学校给予创客发展的制度与空间建设不全、创客教育项目发展也不系统，大部分学校的创客教育项目仅仅是加开机器人课程，除此之外再没有足够的教师去研究其他的创客教育项目，也没有教师用足够的精力去解决一些项目环节中出现的问题，汉中市创客教育师资队伍的培养是各中小学必须正确面对的任务。

（4）它符合新时代建设高素质、专业化中小学教师队伍的基本要求。

教育信息化建设目标对师资队伍建设提出了新要求，对师资改革提出了新规范。形势要求我们建设一支高素质、专业化的中小学教师队伍，而中小学创客教育师资队伍的建设刚好合乎这一时代需要。中小学创客教育师资力量建设不仅有利于学校全体教师、学生的发展，也有力地响应了国家政策的号召。在国家相关政策指引下，创客教育师资队伍的建设正逐步成为国内诸多中小学近期共同的选择。汉中市教育局顺势而动，也提出了相应的教育信息化"十三五"规划，其中研讨范畴包含了创新教育及具体的教学内容与环节等。汉中市的各中小学也正在积极地相应相关号召，想方设法去建立各自的创新型师资队伍来满足教育的发展需求。

2．汉中市中小学创客教育师资队伍建设的对策

（1）更新中小学教师的传统教学观念，重视创客教育与多学科融合教育。

随着国家对创客教育的逐步注重，汉中市各中小学的创客教育也在逐步发展，与创客教育相关的政策也在渐渐落实。汉中市的各中小学应该加强学校与家长的交流沟通，使家长逐渐明白创客教育在学生成长过程中的重要性。汉中市教育局与电教馆也应该在日常宣传中推广创客教育，使学校、教师、家长一起重视学生的创客教育活动，重视创客教育师资力量的建设。一方面，校内各学科老师要多交流互动，踊跃参与各级各类创客教育师资培训活动。创客教育的一大特点是不同学科的融合教学，各学科教师应当互相主动合作开展多学科融合的教育尝试。另一方面，学校应该多开展与家长们面对面的交流活动，不断地拓展学校的创客空间，邀请有兴趣的家长和教师进行创客教育教学的观摩。拿机器人课程来说，参与机器人项目的学生就作为观摩活动的演练者甚至主讲人，给家长们耳目一新的直观体验，促使更多地人积极支持学校进行创客教育建设。

（2）完善现有的创客教育师资队伍建设机制，积极培养或引进创客教育师资。

汉中市各中小学现阶段处于缺乏专业创客教育师资力量的状态。对于这种情况，各学校应该首先审视和完善本校的教师招聘制度和教师准入制度，根据本校情况适当调整创客教育教师的准入条件。汉中市相对偏远，招收人才不易，只有在人才引进政策上多下工夫。例如，在招教网等正规网络上多发招教信息，提升创客教育教师的福利待遇，给他们更多的发展空间，安排他们可以与本地高校进行互动交流等。这样既方便高校对中小学的智力支持，也可以让他们有机会与大学生形成互动、互为启发，甚至吸引更多的高校毕业生留下来进入中小学校任教。与此同时，汉中市各中小学也应积极完善对既有教师的关于创客教育的激励制度，转变与提升现有教育资源，让更多的教师职工积极参与到创客教育师资建设中来，对新入职的教师形成吸引与激励。新入职的教师一般具有较强的创新意识和工作积极性，是学校培养创客教育教师的重要师资力量来源。

（3）加大创客教育教师的培训力度，提升培训质量。

在对于在职创客教育教师的培养方面，汉中市的各中小学校一方面应该根据自身情况，在整体创客教育教师培训之余，通过汉中市电化教育馆、陕西理工大学相关专业教师的推荐，邀请相关专家、学者等进校进行专题讲座交流活动；另一方面，可以多校联合，利用互联网建立属于创客教育师资队伍的培训平台，邀请国内外知名的创客教育专家进行网络通识课教育，使专业能力和素养不充足的创客教育教师有学习的渠道，以此来弥补总体培训力度不足的问题，解决各校创客教育教师的培训需求，从而整体提高汉中市创客教育教师的教学能力与专业素养。

（4）各中小学重视创客教育，加快组建高水平的创客教育师资队伍。

汉中市各中小学应该加大关于创客教育的设备投资力度，积极创建与拓展校内创客空间，配备如 3D 打印机、机器人组件等创客教育必需的基础设备，提供制度保障，以此来吸引其余地区以及本地高校与创客教育相关人才入校加入创客教育行列，也使各校的创客教育教师在学习与发展专业理论知识的同时提高自身的操作技能。在提升创客教育教师队伍学科专业能力的同时，也方便校内的其余学科教师加入创客教育的研究，以此扩大创客教育教师队伍。

（5）各师范院校积极培养创客教育专业人才，为中小学提供后备师资力量。

国内各师范院校应紧随科技的发展脚步，制定适合新时代的人才培养目标，在培养语、数、英等各科后备师资的同时，也积极培养适应信息化教育的人才，如创客教育后备师资力量的培养。各师范院校应开展相应的课程并制订关于创客教育人才的培养内容、培养方式、课程考核和最终成绩的评定方式。在开设理论课程的同时，各师范院校也应在本校发展的基础上创建属于自身的创客空间，在开展本校创客教育的同时，培育中小学创客教育后备师资力量。汉中市的各中小学应积极邀请本地高校—陕西理工大学教育技术学专业的学生入校进行与创客教育相关的学习与交流，及时收揽需要的人才，组建本校创客教育教师队伍。陕西理工大学教科学院也应该给该专业学生更多与汉中市各中小学交流学习的机会，使学生对当地学校更加熟悉，毕业后能更快适应当地中小学的岗位需求，这也从另一方面有利于解决汉中市各中小学创客教育师资队伍短缺的人才需求问题。

## （四）中小学机器人教育师资队伍建设

作为 21 世纪前沿技术产物之一的教育智能机器人，具有技术综合性、先进性、自主体验性、兴趣激发性、可更新性等特性。在智慧校园信息化环境建设的大势下，其势必会成为全新的教育技术装备从而走进各中小学的学习活动中。机器人教育能实现"产品—教具—学具"的本质转化，中小学机器人教育则引导青少年学习、应用、发展机器人相关技术，有利于促进他们创新思维的萌发。发展机器人技术是我国实现智能社会与智能生活的基础。

1．中小学机器人教育教师应具备的能力

教育部在 2017 年印发的《中小学综合实践活动课程指导纲要》中提出，教师要处理好学生自主实践与有效指导之间的关系，既不能"教"综合实践能力，也不能推卸指导的责任，而应当成为学生学习活动的组织者、参与者、促进者。中小学机器人教育由教师组织学生并按照一定的教学安排，对学生进行有效指导教学，让学生动手实践。因此从事机器人教育的教师在基本能力的基础之上，还应具备较高的自身能力，这种能力主要表现在理论与实践两方面。

（1）需要掌握机器人技术的基础理论、具有皮亚杰的儿童认知发展理论与建构主义理论、"做中学"的实用主义教育理论、STEAM 教育理念、混合式学习理论、跨学科整合学习模式等教育学、心理学专业学科领域的知识储备，作为机器人教育过程中的理论指导，更好地有效指导学生。

（2）具备搭建方法、电路连接、程序编程与控制的能力，实现对机器人的设计、搭建、编程、操控。培训过程中使孩子们的动手能力、逻辑思维能力、综合应用能力、创新能力以及合作能力等都得到全方位的训练和提升。

中小学机器人教育的教师在学习者认知过程中扮演着重要的角色，具备比普通教师更高的专业能力。因此，中小学学校在吸纳、引进精通机器人教育教师时，以教师具备的专业能力为标准，选拔优秀合格的机器人教育教师来中小学学校担任机器人的教育教学工作。

2．中小学机器人教育师资队伍的建设对策

（1）适当提高机器人教育教师的待遇来吸纳、引进精通机器人教育的专业人才。

想要进一步加快机器人教育的发展，首先需要吸纳、引进精通机器人教育的人才，来培养祖国的新一代。机器人教育进程中，不断地培养大量有多学科知识储备的优秀人才是跟上机器人教育发展步伐的前提条件[①]。机器人教育需要多方面的知识背景，小学阶段的教师应掌握机器人的理论基础、机器人形状与结构、电子组装知识与技能，同时还要有激发小学生创新热情、实践兴趣的能力，培养学生团队合作精神、共享意识、审美意识等各种潜在能力。锻炼学生善于观察、发现有价值的问题并乐于解决问题的能力。机器人教育教师在学识上要求广泛精通，在培养学生上要独具慧眼，善于发掘学生的能力与创新意识。学校提高对机器人教育的重视，减轻机器人教育教师的其他教学工作，让其能专心研究机器人教育，全力推动机器人教育教学工作。

（2）学校领导重视并倡导教师参与机器人教育的研究。

目前，初等教育中绝大多数从事机器人教育工作的教师都是兼职的，专职教师极少。从机器人教育教师当前任教的学科来看，担任信息技术或者通用技术教学活动的老师较多，也有执教物理、外语、数学等科目的老师。由此可见，机器人教育教师在学校钻研机器人教育的时间不够充分，不能够专心于机器人教学活动的设计。因此，教育主管部门和学校领导应对机器人教育和相关教师给予足够重视，将其与"主课"同等看待，精心选择教学手段，悉心设计教学方法，合理安排机器人教育教师的教学工作；倡导有兴趣的教师多参与机器人教育等创客教学研究，为其留出足够的时间钻研机器人教学，认真编写教案，在实践中逐步完善教学教法。机器人课程专职教师相对匮乏，师资队伍力量薄弱，都会直接制约机器人教育的发展，应该积极创造条件和鼓励教师外出培训学习，加快自有机器人教育后备专职师资的培养。

---

① 黄柳青．中学机器人竞赛与教育的现状及对策[J]．实验教学与仪器，2011，28（11）：55-56．

（3）组织机器人教育教师定期参加专业培训、鼓励外出进修。

目前来看，机器人教育教学对中小学教师来讲是相对全新的教学领域，跨学科性质较明显，没有统一的教材和教学内容，需要教师花费大量时间和精力去探索实践。机器人教育注重实践、注重过程，其教育内容是不断更新变化的。机器人教育教师的基础知识水平有高有低，标准得不到统一，课程目标也尚未做出统一规定。在这样的情况下，机器人教育教师需要定期统一进行机器人教育教学前的培训，举行机器人教育等级考试，激励教师提前学习机器人教育，并愿意花时间研究机器人教育。

充分发挥高校和相关研究机构的引领作用，为基础教育提供教师培训。同时依托相关竞赛，加大交流合作。除此之外，学校还应提倡教师通过参加在职培训、岗位训练、外出进修等活动来充实自身的专业知识，多举措提高教师机器人教育教学水平。

（4）各校联合构建机器人教育交流学习、资源共享平台。

目前看来，有条件的中小学校都已经陆续开展了机器人教育教学，多数学校是用以赛促教的形式组织学生与其他学校的学生进行交流，相互促进，但是在没有比赛的时候，各校之间的交流学习机会也就变得少之又少了。为了加大交流力度，各校之间联合组建的机器人教育师资学术团队，拓展了教师交流的渠道，促成了各中小学教师一显身手、教师知识结构互补的局面①。相互分享优秀的教学经验，构建校校联合的网络格局，并组建机器人爱好者 QQ 交流群、微信群、机器人论坛等供机器人教育爱好者畅所欲言，交流学习，借鉴宝贵的经验，以达到共同进步的目的，形成你追我赶的局面。

## 三、教育信息化后备师资的培养

### （一）"互联网+"背景下加强师范生信息化教学能力的培养

1. 加强师范生信息化教学能力培养的必要性

"没有信息化，就没有现代化。"在"互联网+"背景下的信息化教

---

① 杨建磊. 国外机器人教育的发展及启示[J]. 艺术科技，2013，26（6）：296.

学设计、教学内容、教学方式和教学评价等，一点一滴地融入教学活动中。

（1）增强信息化教学能力是当代师范生从事信息化教学的必需。

师范生作为将来教书育人的大学生，就应该承担起应尽的责任，走在时代的前沿，学习最新的知识，具有最新的思维，在传承和发展我国优秀传统文化的同时，拥有创新意识与能力，努力成为未来社会的建设者。这需要师范生能够高效地学习知识，要会利用"互联网+"平台选择自身需要和合适的知识内容、媒体手段进行自由组合学习，这样学习效率就会提升许多。

师范生作为未来教师的继承者，如果加强了自身的信息化教学能力，未来从事信息化教学活动时，就可以根据自身的环境，利用已有的多媒体设备开展信息化，甚至可以利用"互联网+"平台及时地弥补自己知识与技能的不足。

（2）增强师范生信息化教学能力是推进信息化教学发展的有效途径。

"互联网+"的大背景下，推进教学发展的重要角色之一就是教师，教师能够对学生进行潜移默化的影响和直接有效的指导，整个教学过程会随着时间的流逝一点点优化。而师范生作为后备教师，充足的知识和较强的信息化教学能力是必须的。因此，加强师范生信息化教学能力是在"互联网+"背景下推动教学发展的有效途径。

（3）增强信息化教学能力是现代师范生实现自我价值的主要方法。

拥有较强的信息化教学能力，在"互联网+"背景下，就可以理解为比有教学经验的上一代教师多一项基本工作技能。现在很多即将毕业的师范生由于没有教学经验，导致在从事自己所学专业的教师工作时有一定的困难，一时难以定位自己的角色。但是，如果具备较强的信息化教学能力，不仅可以解决大部分学校网络工作人员的缺乏问题，还可以根据自己的需要，有目的、有针对性地提升自己的教学技能，更快更好地去适应教学环境，提升自我价值，也可以快速地适应新的生活环境，更好地融入其中，从而达到自我价值实现的需求，获得满足感和成就感。

（4）增强信息化教学能力，是当代师范生具备终身学习能力的必备手段。

"互联网+"的时代背景，为我们提供了一个广阔的天地，与之前的传统知识传播方式和传播载体相比，"互联网+"丰富了教学的教学方式、教学内容和传播模式。信息化教学能力的加强为师范生提供一个和"互联网+"更好连接起来的阶梯。这个阶梯让当代师范生在面对"互联网+"丰富的资源时，会更好地选择自己所需要的内容，并可以根据自己的学习习惯选择恰当的学习资源模式进行高效率的学习。更重要的是，它可以让我们自由选择学习时间和学习地点。

2. "互联网+"背景下师范生信息化教学能力的培养策略

（1）加强师范生对"互联网+"学习的重要性的认识，并将信息化教学能力作为师范生学业标准之一。

"互联网+"的大背景下，师范生在学习过程中，可以加强对自身信息化学习习惯的培养，让师范生习惯性地去提高自己的信息化教学能力。这就是学习模式的转变过程，例如，老师选择让师范生准备课堂内容，每节课由学生体验讲课，由老师进行辅导讲解，或者课堂中由老师组织分组并分配讲解任务，或指导师范生进行信息化教学设计、教学过程的实践和教学评价的信息化等。

同时，要想让师范生能习惯努性的去提高自己的信息化教学能力，也要对师范生的知识技能做出一些具体的要求。例如：要求每个师范生必须要掌握基本课件制作软件的使用，以及通过网络教学平台鼓励师范生在网上尝试教授课程等。在师范生提高自己的信息化教学能力的同时，他们的认知也在一步步发生变化，对"互联网+"的时代背景也有了进一步了解。师范生便会化被动为主动，更加积极主动地对自己的信息化教学知识体系进行完善。

（2）开发与信息化教学能力相关的 APP 软件资源平台，促进师范生对信息化教学知识的系统掌握。

技术支持下的教学和移动学习工具的普遍应用在很大程度上增强了学习者的学习体验，尤其是无处不在的无线网络连接设备强化并改善了学习绩效[①]。手机 APP 的功能也越来越多样化和全面化，想要更好地提高师范生的信息化教学能力，首先要帮助师范生学习掌握信息化教学的理论知识，开发一款基于慕课形式的基础理论学习 APP，将学习的模式转变成游戏模式，同时将闯关模式的错题自动收录再加上自动讲解。这

---

① 许涛.美国教育技术基础设施发展及其对我国教育信息化建设的启示[J].数字教育，2017，3（5）：1-9.

样一来，就可以增强师范生的学习兴趣，师范生在 APP 的学习过程中，学习对应的理论知识，也在无形中增强了自己的信息化教学能力。

（3）强化师范生信息化教学设计与开发能力，促进师范生信息化教学技能的提升。

随着时代的发展，很多信息内容的载体由课本转变为数字化的形式，以各种方式表现出来。而要提高师范生的信息化教学资源的教学设计与开发能力水平，可以为师范生分组分配一定的任务，要求师范生小组完成信息化教学资源的教学设计与研讨，再为师范生提供一个展示的互联网平台，展示师范生的任务完成情况，同时，在这个平台上各个小组成员还可以相互评价和学习交流。互联网和信息知识结合的平台，已经为师范生的综合信息整合能力培养创造了条件。

（4）为师范生创造虚拟课堂环境，促进师范生开展信息化教学实践。

任何理论知识，都需要用实践进行证明。在提高信息化教学能力的过程中，教学实践是无法避免的。为了提高师范生的信息化教学能力，可以为师范生创造一个虚拟课堂空间，为师范生提供一个恰当的教学实践的体验环境，从而让师范生能够感受到教学的每一个环节。

虚拟的课堂空间可以为师范生提供一个大数据式的数字图书馆，为师范生提供对应的理论知识，方便师范生在虚拟课堂空间中遇到问题时可以及时地去学习理解，提高学习效果。并且，这个虚拟空间可以为师范生提供信息化教学辅助软件，为师范生提升信息化教学能力提供各种可能。

（5）借助互联网技术提升师范生的信息化教学评价能力。

"实践是检验真理的唯一标准"，在见习和实习期间为师范生安排信息化教学平台，让师范生在实践中去接触信息化教学、远程互动教学实践。这样可以让他们对"互联网+"大环境下的教学有所见识和了解，尤其是结合大数据技术的教学评价使课堂更加精准、更加客观和真实，从思想态度上引起他们的高度重视，促进他们对"互联网+"背景下信息化教学能力的加强从被动向主动转变。

综上所述，随着"互联网+"教学的普及和发展，师范生如果仅仅只学习传统的教学理论和方法，就很快会落后于时代，因此，师范生的主要任务除了要努力学习自己的课程，还需要自觉主动地加强自身的信息化教学能力。从一定意义上讲，高校重视师范生信息化教学能力培养，也是促进基础教育改革与创新的一个很好的切入点[①]。

## （二）学前教育本科生信息化教学能力的提升

在教育信息化的时代背景下，具有信息化教学能力的学前教师更能够适应幼儿教育。随着教育信息化的不断深入，学前教育专业知识必将更加融通，会要求学生能够利用互联网技术和多媒体技术主动加强对各方面知识的学习能力，从而帮助其在进行信息化教学中能构建全面、深层次的专业知识系统，帮助幼儿提高综合素质[②]。根据教育信息化对学前学生信息化教学能力的要求，通过笔者的调查、访谈结果分析，这里认为提升学前教育本科生信息化教学能力要突出以下四点。

### 1. 加快更新学生信息化教育观念

在教育信息化背景下，学前教育专业本科生信息化教学的意志观念的转变是提升信息化教学效果的要求之一。根据信息化教学态度的调查来看，学生对信息化教学有一定认识，但观念意志、重视度不够。因此，需要学生转变信息化教育理念，正确树立信息化教学观念，提升信息化教学能力。

（1）学前专业教师在教育信息化课程教学中，可以将理论知识建立在案例基础上进行教学，通过引导带动学生参与讨论，解决问题。在案例学习基础上，借助信息化教学手段，引导学生融入教学中，以培育学生信息化教学观念[③]。

（2）幼儿处于皮亚杰认知发展理论的前运算阶段，需要用多种感官刺激方式，激发其对外界的求知欲，传统游戏区域活动等方式教学太过单一，不能完全适合当前信息化社会的要求，信息化教学角度多、视图多，能使幼儿身临其境，激发兴趣。

---

① 魏会延. 高校师范生信息化教学能力培养模式探究[J]. 渭南师范学院学报，2014（20）：41-48

② 何维谦. 幼儿家长对学前教育信息化认识的调查及对策研究[D]. 郑州：河南大学，2016.

③ 孙秀秋，王兴杰，王乃娟. 基于教师专业发展的职业学校学前教育专业人才培养模式与课程体系改革探究[J]. 当代教育实践与教学研究. 2015（04）：201-202.

（3）教育信息化有助于加快信息资源的更新频率，在进行案例教学时，教育者可以迅速地收集各类信息，融入教学设计中，培养学生掌握信息技能，改变学生的信息化教育观念。

2. 完善学前教育专业信息化教学培养体系，促进信息化教学知识体系的完善

对于学前教育本科生信息化教学的培养，要保证其充足的信息化知识储备。首先应确保通过接触信息化教学模式，学生已经具有了一定的信息化教学知识基础，但是信息化教学知识体系不够完善。因此，需要完善学前教育专业信息化教学培养体系，促进信息化教学知识体系的完善，提高学生信息化教学能力。

（1）人才的培养模式和目标决定教学模式和教学体系，学前教育本科生是面向学前教育教师发展的，培养方案中融入信息化教学培养体系，重视信息化教学理论知识和信息素养的培养，有助于提升学生的综合教学素质。

（2）可以适当地增加信息化方面的选修课程，如网络信息检索、幼儿园课件制作等，有利于学生开阔视野，保持学习热情。

（3）在学前专业信息化教学课程教学中，及时开设前沿领域课程以及经常开展热点问题专题报告等，有助于提高学前本科生信息化知识和处理信息化问题的能力。

（4）理论联系实践，培养学生信息技术应用能力。比如陕西理工大学学前教育专业培养方案（2018）中，设有"幼儿园动画设计与制作"等课程，就有"将专业知识与信息技术结合起来实现学前教育专业学生信息化教学能力"的培养要求。

3. 通过资源开发和工具应用，增强学前教育专业本科生信息技术应用能力

教育信息化背景下，掌握基础信息技术能力是对教育者的最基本要求。从学前教学本科生基本信息技能应用能力来看，其具有一定的信息技术应用能力，但综合应用能力不足。因此，需要进行信息资源的开发和应用，增强学前教育本科生信息技术应用能力。

（1）根据学前教育专业本科生的特点以及学生的实际情况开展学前

教育信息技术的培养，结合信息化社会对学生的要求，制订科学的培养计划，能够让学前专业学生熟练掌握基础办公工具的使用，学会制作多媒体课件。同时根据实际情况开设一些选修课程，比如微课制作、信息技术工具软件等，拓展学生的视野，促进其与信息技术教学应用的接触[①]。

（2）可以使信息化专业知识与信息技术相互融合，提高学前教育专业本科生综合应用能力，例如，在课件中可以使用信息技术创造幼儿教育活动的真实教学场景。

（3）利用网络的交互特性进行多种训练指导模式。充分利用多媒体教学和网络教学。也可以借助互联网交互软件（如微信、QQ 等）开展师生对话，加强信息化教学效果。

（4）学前教育专业本科生与教育技术学专业本科生进行专业技术交流。把教育技术专业在课程设计与开发中的特点融合到学前教育专业课件资源开发应用上，提高学前教育专业本科生信息技术应用能力。

4．开设全天候实验室，促进学生的信息化教学实践创新能力培养

从学前教育专业本科生信息化教学实施情况上来看，他们能够开展一些信息化教学实践，但是实践创新能力不够。因此，为了促进学生信息化教学实践创新能力的培养，提出如下措施。

（1）加强学前教育专业实训，建立全天候实验室，为本科生提供培训课程、引进先进的教学工具，全方位地了解与借鉴国外及沿海发达地区学前教育信息化教学模式。

（2）要加强与信息化程度较高的幼儿园的合作，参与到一线教师的信息化教学活动中。在一线老师的带领下，有效运用幼儿园的信息化资源，有利于把所学到的信息化教学知识用到实际教学环境中，促进学生的信息化教学实践创新能力培养。

师范生作为未来教师，人才培养的重点。学前教师的信息教学能力影响着学前教学信息技术与课程整合的发展方向，是实现学前教育信息化的关键环节。

---

① 汪基德，朱书慧，张琼．学前教育信息化的内涵解读[J]．电化教育研究．2013（7）：29-34．

## （三）教育信息化背景下信息技术教育专业后备师资的培养

信息技术应用带来的便利不容置疑，它深刻地影响人们的工作、学习、生活等方方面面。近几年国家相继出台了《智能制造装备产业发展规划》《"中国制造 2025"：智能制造发展规划》《促进大数据发展行动纲要》《云计算和大数据重点专项》《"互联网＋"行动计划》《新一代人工智能发展规划》《国家自然科学基金（NSFC）交叉研究行动计划》，使得教育技术应用更是炙手可热。随着虚拟现实技术、互联网技术等的发展，信息技术的教育应用让基础教育发生了翻天覆地的转变，人们对于信息技术的掌握和运用已经成为常态，教育信息化的效果日益明显。要继续加快教学信息化的发展，必须在硬件、软件和人才这三个要素上着手，三者统筹兼顾才能有效地促进教育信息化持续发挥优势。教育信息化的实现需要一些掌握信息技术知识、有基本的信息技术应用能力的教育信息化人才[①]。信息技术教育专业教师作为学校教育信息化专业人员，在新时代其角色也发生了变化，那么高校应如何重新定位信息技术教育专业后备师资的培养呢？我们从以下几方面进行了探讨。当前，在参考教育部下发的《中小学教师教育技术能力标准（试行）》和《中小学教师信息技术能力标准（试行）》基础上，我们对学前教育本科生信息化教学能力的分析主要从以下方面进行。

### 1．基于 STEAM 理念的教育技术学专业能力的培养

STEAM 由美国首次提出，被译称为"素质教育"。STEAM 由 Science（科学）、Technology（技术）、Engineering（工程）、Arts（艺术）、Maths（数学）这 5 个单词的首字母组成。STEAM 教育的核心理念是：所有学科都可以而且应该互相连接。学生在解决实际问题时需要知道各种知识和技能是如何相互联系、相互交叉的。让学生打破传统的学科界限，参与跨学科的学习。美国等发达国家的实践证明，STEAM 课程的开设，对培养学生的综合创新能力起到了很好的作用。某一件事情的成功不能仅凭借一种能力，而是要依靠多种能力，如成功的摄影作品，不仅需要

---

[①] 熊晓莉.师范生信息化教学能力的发展现状与培养策略[J].延安职业技术学院学报.2017（2）：49-51.

技术和设备，而且还应有独特的构图，也即艺术等方面的基本素养。随着教育信息化时代的到来，STEAM 教育理念的发展使教育技术专业的发展机遇越来越多，同时也对人才培养方面提出了新的要求。准确地说，STEAM 教育提倡的是一种新的教学理念，让学生们亲身体验多种项目，在动手学习的过程中探索跨学科的知识，这就是 STEAM 教育促进学生学习、注重学习和现实世界的联系，跨学科支撑互补，共同发展的教育理念，在碰撞中学习，培养认知能力和技能，强调学生积极探索的精神。

（1）STEAM 理念应用于教育技术学专业能力培养的必要性。

目前，中国处于经济社会发展转型阶段，对创新型人才的需求越来越大。创新型发展的关键在于人才的培养，人才培养的关键在于培养创新人才，培养创新人才的关键在于教育发展和改革。基于 STEAM 创新教育的中国教育教学改革，在我国经济和社会的发展中，作为将来全面的人才培养的教育模式，具有十分重要的意义。

① STEAM 教育理念有助于教育技术学专业能力的培养。

教育技术专业是一门应用性和实践性都很强的专业，而各大高校教育技术学专业的学生，是未来综合性人才的中坚力量，与我国未来的发展息息相关。我国当前教育技术专业学生的实践能力和创新能力相对还比较差，教育技术专业的学生必须具备较强的创新能力和动手能力，以适应信息社会的竞争，适应教育改革带来的挑战①。

STEAM 教育侧重鼓励学生综合应用各学科知识解决真实情景中的问题，从而帮助学生提高实践能力。而教育技术学是立足于实践应用基础上的学科，其实践能力的培养是人才培养的重要组成部分，坚持STEAM 教育理念在教育技术学中的应用，在人才培养方面，坚持理论与实践相结合，STEAM 教育是多学科交叉融合并付诸教育实践的教育理念，以 STEAM 教育理念作为教育技术专业能力培养的切入点与突破口，对中小学教育师资培养，教育资源设计与开发及大学创新教育发展等具有积极意义。

② STEAM 重实践的教育理念指导教育技术学专业实践能力培养。

STEAM 教育注重实践与知识之间的联系，注重多学科的整合发展，把工程、技术类课程作为连接理论与实践的桥梁。而教育技术学专业是

---

① 史宙亮 . 教育技术专业学生实践能力的培养[J] . 实验室研究与探索，2009，28（11）：173-175 .

一门理论与实践相结合的学科，把 STEAM 教育理念融入于教育技术学专业能力的培养中，可以提升学生们的综合实践能力和创新能力，提升理论和实践的融合，同时还可以弥补我国基础教育领域中技术与工程教育的短缺。STEAM 作为一种跨学科整合的教育形式，提倡把多个范畴的知识通过综合课程结合起来，促进学科间的融合，发挥综合育人的功能，使学生在综合的环境中学习，应用跨学科的知识解决问题。目前，我国教育技术专业学生的动手及实践能力较弱，实践机会较少，在教育技术学专业能力培养中加入 STEAM 教育理念，能够更好地培养出全面发展的教育技术学专业人才。

随着 STEAM 教育理念的不断升温，培养教育技术专业能力的研究范畴不断扩大，为了进一步提升教育技术学专业能力，充分挖掘专业潜能和丰富实践能力的理论体系，特选择从 STEAM 理论在教育技术学专业能力培养的运用中进行研究。通过查阅相关文献资料，对现有教育技术学专业能力的理论体系进行梳理总结，并结合实际情况剖析基于 STEAM 教育理念的教育技术学专业能力的培养现状，为教育技术学专业的能力培养提供建设性意见，进而构建教育技术学专业能力培养的理论模型，改进教育技术学专业能力的培养现状。在深入了解教育技术学专业能力培养的情况下，旨在于教育技术学学生专业的能力培养策略中，加入 STEAM 的教育理念和模式，培养出更好更全面的教育技术学专业人才。

（2）STEAM 理念应用于教育技术学专业能力培养的可行性。

STEAM 教育普及的前提条件是完成课程资源的建设，实施 STEAM 教育的关键是建设高素质的教师队伍，STEAM 教育社会价值实现的保证是建设开放自主的校园空间。STEAM 理念应用于教育技术学专业能力培养的可行性分析如下。

① 教育技术学专业综合性强，可以更好地适应 STEAM 教育跨学科的整合。

STEAM 教育提倡调整并结合相关学科的特点，获取知识，培养学生的实践能力和创新思维。教育技术作为跨学科专业，一样重视理论教育，整合信息技术和艺术，工程和科学，使教学理论和实践相结合。专业课程不应仅包括教育学，心理学等教育课程，还应包括计算机信息和多媒体等技术课程，以及艺术和数学等基础课程。从专业性和课程体系两方面，教育技术专业人员能够很好地适应 STEAM 教育的多学科整合，着重培养学生的综合实践能力和创新能力。因此，以教育改革作为 STEAM 教育全面实施的入门点和突破口，对于我国小学和中学的 STEAM 教育教师培训，STEAM 教学资源设计与开发及大学创新教育发展具有积极意义。

② STEAM 教育理念与教育技术学专业特点相适应。

不管是从课程体系还是专业性质来看，教育技术专业都能够很好地适应 STEAM 教育的多学科融合，注重培养创新能力和综合实践能力。培养中小学信息技术教师是教育技术学专业的一个培养目标。与其他学科的教师相比，会技术的教师具有更丰富的知识和更强大的课程改革动力，而 STEAM 教育理念的跨学科教育理念正好可以促进教育技术学专业学生综合能力的培养。以高校教育改革为出发点，建立 STEAM 教育和培养教育方针，促进中小学 STEAM 教师和课程资源的建设。教育技术学专业综合性强，而 STEAM 的核心理念就是超学科，跨学科的教育理念，更有利于教育技术学专业能力的培养。

（3）基于 STEAM 理念的教育技术学专业能力培养策略。

教育技术学是一门综合性学科，它与计算机科学、传播学、教育学、技术哲学和美学等许多学科都有密切的联系，所以基于 STEAM 的多学科整合理念以及超学科的教育理念能促进教育技术学专业能力的培养。

① 基于 STEAM 超学科教育理念建设教育技术学学科体系，助力学生专业综合能力的培养。

教育科学的重要分支是教育技术学。由教育技术学的发展历史可以看出，教育技术是从心理学，传播学，教育学，科学技术学等学科发展而来的。是采用系统的方法来规划学科体系的。而 STEAM 教育理念正好和传统的重书本知识、单学科的教育方式是不一样的，是重实践和超学科的一种教育理念。基于 STEAM 教学理念，教师可以尝试应用新的教学方式来培养学生的综合能力。

例如，在"摄影基础"这一课程中，教师首先就可以教给学生艺术的知识，因为"摄影"本身就是一门艺术，这就应用到了 Arts（艺术）这一理念。而在拍摄过程中，对设备的调试，对画面的布局又能用到 Maths（数学）这一理念。摄影过程中，技术也是不可或缺的，即 STEAM

中的 Technology（技术）。从摄影的修图到最后呈现作品的整个过程就是 Engineering（工程）的体现。理所当然，Science（科学）也应用到其中，我们要应用科学的方法来完成这一过程。所以，在摄影教学中使用结合 STEAM 理念的抛锚式教学比讲授法教学效果更好，因为学习者的思维在学习过程中会受到锻炼，学习者的合作探究能力、自学识记能力和实践能力就会得到较好的锻炼①。当然不止这一门学科，在《三维动画》《多媒体课件设计与开发》等课程中均有应用到 STEAM 的教育理念。

再者，按照学科发展情况，定期完善培训方案，让课程跟紧时代的步伐，建立高水平的教师队伍和拥有全面教学资源的图书馆。依据现有的资源，结合教育技术学的发展方向和学习者的意愿，采用系统的方法设计学科体系，避免机械复制实践模型，在教学安排的过程中，也要介绍系统的方法。一些教育技术课程之间有密切的关系，应该重视学习课程的先后顺序和学习内容的衔接与交叉。教师应该根据具体的学习目标、学习者的实际情况等因素，运用教学设计方法和教学媒体以及课堂教学系统，鼓励小组合作学习。

② STEAM 重实践，"厚基础、重实践"课程的设置，有助于学生专业实践能力的培养。

一方面，"厚基础"的课程设置。从长远来看，社会发展需要大量涉及远程教育和多元化教学资源等方面的教育技术人才。教育技术人员首先强调教育领域，强调服务教育，所以从培训方面强调教育学等知识的基础。为了避免专业的不精不深，从课程上设置"重实践，厚基础"。主要课程设置可分为两个部分：一是教育学与教育技术理论；教育学和教育技术理论可以建立课程设计、教育传播学、教育心理学等课程。学习这些知识可以更好地了解学生的心理特征，了解教学对象②。二是从"技术"开始，教育技术专业人士也强调技术方面的知识。计算机相关知识的教学应着重于网络教学和多媒体课件设计的使用。可以设置图像处理技术、多媒体课件设计、网页设计、计算机网络等，还可以建立多媒体课件的制作相关的教学实践，比如摄影技术、电视节目编导制作、平面图像处理等课程，可以以专业选修方式开放，而且还要加强网络平台资

① 李刚．教育技术学专业学生能力的培养[J]．科技信息，2006（8）：79-80．
② 李娜．教育技术学专业人才培养能力及策略[J]．中国成人教育，2011（15）：117-118．

源与方法等与专业课程教学的结合。

另一方面，"重实践"的课程设置。随着技术的不断发展，从教育技术的核心媒体看，从电视到计算机，教育技术专业应加强媒体课程的实践。近年来，远程教育的快速发展引发了网络教育的狂热。所以计算机网络知识也特别重要。教育技术学专业学生应该具有良好的实践动手能力。从教育技术专业课程的角度来看，不仅加强实践基础，还要体现教学设计的过程，还应开设网络维护等方面的实训课程。增加教学实践的课时，增加课程设计和毕业实践等环节的同时，还要强调教学设计实践能力培养。教育技术专业的核心竞争力之一是媒体资源的开发与利用。要充分合理化利用媒体的资源，就必须掌握教学设计的能力。只是一个"教学设计"课程是不够的，而且在加强训练的教学设计的实践中也是如此。

③ 基于 STEAM 理念鼓励学习者发挥专业特色，参加社会实践活动和科研活动。

因为教育技术涉及众多领域，可进行社区实践的地方有很多。在教育技术实验学校，了解改革基础教育的方式和新课程的实施，促进对教育技术理论的深化认识；在 IT 行业中，学习者的实践会更加贴近社会实际，这使学习者的教学设计能力和信息处理能力得到了质的提高。学习者通过这些实践机会对其整体素质有了很大的改善。教育技术专业的人才需求在不断改变，教育技术学专业在培养思想和方法的方面也应该不断地改善，进而培养综合型人才。

在教育技术学专业的实践与创新能力的培养方面，结合 STEAM 教学理念，注重学生理论与实践的紧密结合，这样不仅可以锻炼学生的思维能力，更可以培养学生的实践与创新能力。学生可以参加许多项目，例如，首都师范大学教育技术学专业的学生参加全国虚拟网络社区学习，在老师的指导下，由学生独自完成且效果显著。

④ 基于 STEAM 鼓励学生主动探索理念，注重将"技术"转化为"能力"。

技术转型到能力需要一定的时间，需要反复练习，特别是对各种教育媒体的运作和使用，应该是将"理论——操作使用——精通使用操作——新理论——操作使用——将会熟练使用"这样的过程作为标准。在这个过程中，教育技术学专业的学生不仅要把已有的理论知识变成实际能力，而且还要继续学习新知识，才能实现实际能力的转变。在使用课件创作软件创意多媒体课件时，大多数学生只知道一些常用的图标，课件的互动性差，形式也比较单一。随着时间的推移，教育技术学专业的学生既没有提高课件制作水平，风格也没有改变。在这种情况下，学生应该主动克服困难，自觉地添加多媒体素材反复练习，多次探索，掌握课件创作的精髓，不断提升多媒体课件的创作能力。

社会在快速发展，教育技术专业人才需求也在不断改变，所以教育技术学生培养思想和方法的能力必须与时俱进，以促进人才的成长。STEAM 教育是符合信息社会的未来教育模式，可以有效促进艺术，人文，科学，社会学与工程之间的交流，创新与合作，为学生提供更完整的知识背景。知识体系的系统化，可以让学生加深对每个学科内容的理解。STEAM 学科依托彼此，相互影响，相互渗透，促进学生获得全面，系统的创新与实践能力。STEAM 是一个跨学科的交叉整合，并投入实践探索的教育理念，虽然目前 STEAM 教育的实施仍然面临相当大的困难，但 STEAM 体现了素质教育的理念，符合当前教育改革的趋势，同时也可以更好地促进教育技术学专业能力的培养。

2．教育技术学专业本科生创客能力的培养

创客，"创"指创造，"客"指从事某种活动的人，源于英文单词 Maker。狭义上的创客是指那些酷爱科技、热衷实践、乐于分享，努力把各种创意转变为现实的人；广义上的创客是指有创意，并且能够付诸实践进行创新的人[①]。这一人群通常具有创造性思维，具有创新精神，能借助一些技术、工具和手段设计开发出新颖的、独特的、具有一定实用价值的实体。并且他们有较强的求知欲，能主动学习，具有一定的知识储备。

创客能力是指完成创客活动必备的能力。首先，需要有创造能力以及创新型思维，这是开展创客活动的先决条件，其次，创客活动的完成需要多个创客一起进行交流讨论，所以创客需要具备团队合作能力、研究能力以及解决问题能力。最后，能够根据创意动手实践，理论联系实际，将构想变为现实。这一过程的开展需要具有良好的动手实践能力。

身为信息时代的新兴产业，教育技术学是培养能够在新技术教育领

---

① 张其亮，王爱春，陈永生．创客教育背景下的高校实践教学体系构建[J]．实验技术与管理，2016（12）：25-28.

域从事教学媒体和教学系统的设计、开发、运用和评价的教育技术学科高级专业人才的专业。教育技术学专业开展的创客活动有多媒体课件大赛、DV 短片制作大赛、机器人制作大赛等，这些创客活动的顺利展开需要教育技术学专业本科生掌握必备的专业技能。

（1）培养教育技术学专业本科生创客能力的必要性。

随着信息化条件的不断成熟、创客活动正如雨后春笋般涌现，一个以信息和技术利用、技术创造为主要特征的社会性创新时代已经来临。信息日益成为社会发展的决定性力量。显然，未来的教育是以信息技术为主导的教育。教育技术学本科生创客能力的培养既是时代要求，也是自身发展的必要。

① 有助于教育技术学专业本科生适应信息时代发展对人才的要求。

在 2015 年政府工作报告中，李克强总理提出"大众创业、万众创新"。"创客"在创新创业领域展示出的活力，将使其成为中国经济持续增长的引擎。目前，北京、上海、深圳、温州等城市领跑了国内的创客运动风潮[①]。创客活动表现出来的新活力，确定了创客在信息时代发展的重要性，奠定了创客能力培养在社会发展中的必要性。教育技术学作为一门集教育学、计算机科学与技术以及心理学等为一体的交叉学科，与时代发展密切关联，培养教育技术学专业本科生的创客能力，改变传统的教学方式，创新信息技术教育内容，有助于学生更好适应信息时代发展对人才素质的要求。

② 有助于教育技术学专业本科生提高自身的就业竞争力。

信息时代日新月异，教育技术学专业伴随着信息时代诞生，专业课程覆盖面广而且与信息时代有着密切的关系，该专业毕业生除了开发设计教学媒体，还可以从事摄影摄像、影视后期剪辑等相关工作。创客教育是帮助教育技术学专业本科生实现创新思维培养和创新能力提升的有效途径。创客理念有效地融合于专业培养体系中才是进行教育改革的首要任务，教育技术学专业本科生身为信息时代课程的开发设计者，应尽早掌握创客能力，合理开发设计课程，将创客理念及早渗透到信息时代的课程中。

③ 有利于增强教育技术学专业本科生理论知识的转化和拓展。

① 张睿，潘迪，张雨 . 创客教育背景下大学生创客素养的养成[J]. 当代青年研究，2016（3）: 70-74.

从书本上和课堂上获得的知识毕竟不是自己亲自体验过所得出的结论，因此这些理论具有一定的间接性，并不能直接作为自身技能运用到实际的生产生活中去。在生活中面对那些实际存在的问题，必须考虑到多方面因素的影响，需要结合多方面的知识和技能才能对问题提出相应的对策并加以解决。正因如此，在专业培养中开展创客教育项目可以为学生提供一个运用多方面知识与技能的平台，让他们为原有的知识增添理性的看法，并在实践中拓展新的技能与知识。

④ 有利于培养教育技术学专业本科生的创新思维。

研究可知，目前的大学生缺乏批判精神与质疑知识的勇气，最终导致在学习过程中养成了定式思维，缺乏创新的活力。而我们在创客教育活动中，让学生们面对专业前沿既复杂又实际的问题，从问题的提出到制定出正确解决问题的方案，实施与修正解决问题的方案，对教育技术学本科生观察力、想象力、思维能力等的培养都会产生较大的影响，使其在未来参加社会活动的过程中，具有创新实践能力。

（2）教育技术学专业本科生创客能力的培养。

一方面，结合网络调研和外出调研，学习其他院校教育技术学专业人才培养的优秀经验和做法。

首先通过网络查询北京师范大学、华中师范大学、华南师范大学、西南大学等教育技术学专业本科生创客能力培养，我们分批次对国内教育技术办学领先的东北师范大学、华东师范大学、陕西师范大学、西北师范大学、上海师范大学以及陕西省内兄弟院校渭南师范学院和宝鸡文理学院进行了专业调研和考察。在调研过程中主要汲取了以下优秀经验：

① 紧跟社会发展，符合社会和行业发展的实际需求，发挥区域优势。

教育技术学专业培养出来的学生在中小学主要是从事信息技术和通用技术教学，因此，专业人才培养一定要密切关注基础教育信息化的发展，并根据基础教育信息化发展的实际需求，对知识和技能进行灵活调整。比如：目前基础教育比较关注的机器人教育、创客教育、STEAM教育、人工智能以及可视化编程等热门领域，应在培养方案中有所体现，让学生提前接触相关领域，紧跟专业的发展。

② 教育技术学属于应用型专业，在教学过程中应注重学生的动手操作能力培养。

比如：西北师范大学教育技术学专业人才培养实践中形成的工作坊

等培养模式值得大力推广与应用，并且，我校教育技术学人才培养中尝试了摄影工作室人才培养模式，带动了一批学生创新创业，产出了一定成果，取得了较好的成效。同时，实行大学全程式社会实践教育，让学生参与中小学创客教育，培养学生的动手能力，主动服务于当地基础教育信息化发展。

③ 合理定位人才培养目标，注重师资团队的建设。

笔者所调研的几所学校教育技术学专业各有优势，但共有的特征是师资力量很强，有专家团队引领、有资源平台支撑，培养出来的学生专业技能强、综合素质较高，特别是教育部直属高校以及地处发达地区高校的教育技术学毕业生供不应求。教育技术学作为应用型专业，更加凸显了产出效能，而地处西部的陕西理工大学教育技术学专业，一方面要依托服务于本地基础教育发展，发挥地方特色，做出实际贡献；另一方面作为人才培养的一线教育技术学专业教师，更应该注重自身知识和技能的提升和团队的建设，师资力量强大了，自然能够更大范围、更大程度的带动学生和培养学生。

④ 充分发挥学生的主体作用,将学生纳入教育技术学专业建设团队中，让学生通过参与具体专业建设和改革实践来提升自身专业能力。

尤其是通过中小学开展创客教育和 STEAM 教育的应用，能帮助学生认清社会需求、树立坚定的专业信念、培养卓越的专业精神和强烈的专业发展意识，从而使学生步入社会后能够得到更好的发展。

另一方面，根据区域特点和区域教育发展需求，构建科学合理的人才培养目标，完善人才培养方案。

笔者还走访了汉中市电化教育馆、西乡县电教中心、城固县电教中心、陕西省汉中师范附属小学等单位、洋县南街小学、汉中四零五学校等单位进行了创客教育调研和考察。汉中市始终以新理念、新思维、新作为重视并全面推进基础教育信息化建设与应用，引领了陕西省基础教育信息化的发展,这为教育技术学专业的成长和发展提供了肥沃的土壤。而陕西理工大学是一所具有硕士学位授予权的高等学校，学校的教育技术学专业有责任、有义务担负起发展和服务基础教育信息化发展的重任。近些年与汉中市电教馆深度合作的模式发挥了优势，比如：举办中小学机器人师资培训、开展全国青少年机器人等级考试认证等工作。我们以国家西部教育支持与开发为背景，结合汉中乃至陕南基础教育信息化发展的优势，深入研究教育技术学专业人才知识、能力和素质的要求，优化知识结构，调整教学内容，整合课程体系，创新人才培养方案，重视新媒体新技术教育应用。陕西理工大学教育技术学专业定位"立足于陕南，面向西部，依托基础教育信息化，培养'互联网+'环境下能够开展新媒体新技术教育应用、具有创新精神和实践能力的教育信息化专门人才，不断提升教育信息化研究、实践能力和专业服务能力，为区域教育均衡和教育信息化发展服务。"具体如下：

① 定期调整人才培养方案，更新人才培养理念。

在人才培养方案制定过程中应充分调研，根据市场需求导向，及时调整和科学定位人才培养目标，以院校实际办学能力为出发点，合理设置课程体系，优化创新实践项目，及时将创客教育理念融入课堂、融入实践环节。要注意学生专业基础能力、专业特色能力的培养，充分利用课堂、实践课以及实习见习等实践环节贯穿创客教育，见识社会和学校中的创客空间、创客教室等创客教育环境，激发学生的创新思维能力，促进创客人才的培养。专业教师队伍参与了大量的本地基础教育信息化的研究与评估等工作，主持和参与了大量教育信息化相关的课题研究，这些产学研的优秀成果和经验被老师们第一时间带进了课堂并传递给了学生，更新了理论性教学内容体系，学生的专业视野被扩展，对专业和行业的认识也更立体化，促进了人才培养质量的提升。

② 敢于创新人才培养模式，充分利用信息化教学资源开展创客教育人才的培养。

以教育信息化实践能力培养为主线，坚持和完善专业培养目标向技术和应用型转变、教学计划向灵活弹性型转变、专业适应性向教育信息化大类转变，制定适应教育发展和具有我校办学特色的人才培养模式。加强对学生学习过程的评价，全面推行"蓝墨云班课""雨课堂"等课堂辅助平台的使用，助力课程教学管理；推行"摄影工作室+创客工作坊"等培养模式。以校级一流专业和校级特色专业建设为龙头，深化课程教学内容和教学方法改革。大力推进课程教学内容改革与新理念、新模式的应用，通过精品课程建设带动其他课程建设。

加强与区域基础教育信息化建设与研究的联系，促进教育技术专业培养与基础教育一线信息化教学活动需求的融合。吸引教育相关单位与部门参与教育技术学专业教学建设以及教研活动，共同开展对专业发展趋势及人才质量要求的研究，探讨人才培养模式。

③ 加快实验设备更新，保障学生利用更多非课堂时间开展创客实践。

实验室的设备更新速度慢，学生只有实验和实践课上才有机会接触这些实验设备，专业技能训练得很不够。因此应该延长实验室的开放时间，让学生有更多机会去创新、去实践。2018 年，学校把该专业申报的创客教育中心列为后续中央财政培育项目，其规划与建设已初步启动，该项目建成后可以为专业学生提供更多实践机会。在这个创客教育中心，创客们自由出入，学生可以亲身体验创客产品的设计与制作、尝试新的创意。在确立好创客项目之后，创客教师应该根据不同学生的学科背景、兴趣偏好、认知水平将学习者协调分配到不同的创客项目中，实现合作学习；在创客项目启动时，为学生提供指导；在创客活动开展中期，与学生进行交流探讨。创客教师在学生的创客项目学习过程中起到监督协助作用，在学生的任务遇到困难时，创客教师负责提供适当的技术指导和心理状态的疏导，使学生始终处在一个积极的学习状态中。

④ 加快创客教育专业师资的培养。

创新型人才是创新兴国的重要力量，创新人才的质量体现着学校的核心竞争力，二十一世纪是信息的时代，信息时代的教育将是全新的教育。虽然创客教育已在部分高校发展起来，但尚未得到广泛推广。高校应该把握契机，顺应创客运动潮流，开展广泛合作，合理科学地构建创客空间，积极培养教育技术学专业学生的创客能力。优秀创客的出现，需要经过合理的启发引导，这对教育技术学专业的教师提出了新的挑战。优秀的创客导师首先必须是一个优秀的创客，只有这样，创客导师在教学过程中才能学会换位思考，掌握创客教育的方式方法。加强学科建设与师资队伍建设，提升专业办学水平。鼓励教师继续攻读学位、外出访学与进修，通过学习、交流，开拓办学视野，提高培养水平。要促进创客的不断产生，不断完善管理制度，培养创客师资，为创客的培养营造良好氛围。

打破现有教育技术学专业本科生培养的闭塞性，积极联合校内校外有效资源。将学生与信息社会紧密联合起来。时刻了解到信息时代的发展现状。在实践教学中，教师应该充分尊重学生的创新发展，在完成创新项目时，需要老师和学生的相互合作学习，老师应该学会角色转换，听取学生的想法，提出自己看法。教师接受角色的变化，才能与学生一起探索，真正实现教学相长①。

3.“互联网+”支持下教育技术学专业学生创新实践能力的提升

当前，教育技术学专业综合性强，学生在寻找自己的兴趣点以及特长时，比较迷茫。教育技术学专业本科生课外活动较少，学生很难在学校这个封闭场所中找到新颖的、感兴趣的东西，导致学习兴趣不足。在创客学习中，因为自身能力不足，以致最终完成的创客项目质量不高。教育技术学专业是信息时代教育领域衍生的一门综合性很强的专业，因此，高校在大学生入学之初，应该将专业所学内容进行一个大致的划分，让学生根据自身优势、毕业发展方向，有选择地进行重难点学习。提高学生的创客意识，激发学生的创客潜能。教育技术学专业学生的课堂不应该仅限于学校里的学习内容，只有让学生走出校门，才能真正去了解创客，去发现创客的亮点，继而找到自己的兴趣点。创客导师应该带领学生去优秀的创客空间实践，与专业创客进行交流，培养创客意识。此外，学校老师可以组织小型的创客项目，培养学生的创客意识，让学生逐渐深入创客队伍中。教育技术学专业老师应该充分发挥创客空间与创客教育的优势，开展泛在学习、创造性学习、协作学习等多种学习方式，强调学生的创造能力、创新意识、解决问题能力和团队协作能力的培养。“互联网+”不仅仅是一个热门话题，更是一种方法和理念，“互联网+”支持下的教育技术学专业学生创新实践能力的提升策略如下。

（1）应深化对提升“互联网+”支持下创新实践能力重要性的认识。

研究发现，当前大学生对提升创新实践能力、提高就业竞争力的意愿是十分强烈的，但从主动参与学校组织的创新实践活动的积极性和提升创新实践能力的规划意识方面来讲，存在明显的不足。现今教育技术学正在被学科边缘化，“互联网+”正是我们教育技术发展的新机遇，我们要在互联网教育迅猛发展的浪潮中得到社会的认可。大学生是创新实践能力提升的主体，在提升大学生创新实践能力的过程中首先要考虑到大学生出自个人内心的要求，同时强化大学生的自我发展与规划意识，充分发挥大学生提升创新实践能力的自主性和能动性，变以往被动地参

① 贾杰.创客教育与高等院校工程训练的融合[J].实验技术与管理,2015( 12 ):30-32+35.

加创新实践活动为自发、主动地要求通过创新实践活动提高自身创新实践能力[1]。具体通过以下措施提升大学生对"互联网+"支持下创新实践能力重要性的认识。第一，学校应明确对大学生创新实践能力的发展目标，以此为突破口激发学生内在对创新实践能力的渴望，进而帮助学生自主制定创新实践能力的发展规划。第二，加强对学生自我发展规划的指导。事实上，很多学生进入大学都对自身的发展目标感到迷茫，因此要让学生在此期间明白"互联网+"支持下创新实践能力重要性，并且在整个教育教学过程中加强对学生创新实践能力提升的指导。

（2）利用"互联网+"资源丰富大学生开展创新实践所需的知识体系。

一方面，学生通过关注与自己创新实践活动内容的有关平台来获取相关知识。在微信公众号上学生不仅可以收集零碎的知识，还可以通过阅读相关文章不断完善专业知识体系。在持续的消息推送中获取该领域最前沿的知识从而为创新实践活动的进行打造良好的基础。学生在研究创新实践活动的同时可以关注相关领域专家的微博，他们发布了许多技术类文章，需要我们仔细阅读研究才能获取里面的精华。学生把从中获取的经验实际运用到自己的创新实践项目中，既完善了自己的知识体系，又解决了创新实践活动中所遇到的难点。另一方面，学生可以通过互联网在线教育网站（如学堂在线、网络公开课、慕课等）听名师的课来丰富知识，完善个人知识体系，便于更好展开创新实践活动。

（3）构造"互联网+"支持下开放的创新实践模式，培养大学生创新合作能力。

在"互联网+"支持下，根据教育技术学学科发展的要求，构建集创新实践活动训练与创新合作能力提升为一体的教育模式，不断更新创新实践项目，使创新实践活动方案更趋于从简到繁的原则，让学生学会自己制订创新实践活动方案、自行组织完成创新实践活动。

鼓励大学生自主提出创新实践项目，学校根据实际情况匹配相应的指导老师。创新实践小组的组长由学生们自行选举产生，组长与小组成员讨论后根据组员的实际情况提出创新实践项目的创新点与需要解决的问题，并将活动中所需要完成的任务下放至个人，将较为复杂的任务交于小组多名成员共同完成。通过合作过程，不断地向成员渗透合作的意识，让成员熟悉合作研究的方法和途径，掌握合作的规范，逐步完善学

---

① 陈明选，俞文韬. 走在十字路口的教育技术研究——教育技术研究的反思与转型[J]. 电化教育研究，2017（2）：5-12 + 18.

生自我管理机制，提升小组成员的自主、自律的合作行为。最终达到完成创新实践项目，提升学生创新合作能力的目的。

（4）构建"互联网+"新型创新实践体系，提升大学生创新思维能力。

通过"互联网+"和多媒体工具的结合，为大学生创新思维的提升提供更好的支持。通过让有实践经验、行业内有建树的教师讲述创新实践的要点，通过学生个人的经验和体会，把教师知识运用、研究探索和创新实践的经历相结合，把创新实践活动的科学性、前瞻性和趣味性的内容相结合，把活动中的学、研、论的教学方式相结合。多维度地调动大学生创新实践活动的积极性，激发学生对创新思维的兴趣。通过在互联网教育视频平台开设以启发式教育为目标的公共创新实践项目课程，鼓励通过网络大学生多提问，敢于向权威质疑，辅以创新实践活动讲座以激发大学生的学习兴趣与求知欲。不仅要让学生学会相关知识，更需要提升大学生创新思维，从而激活学生的创新潜能。

（5）借助"互联网+"交流互动平台，提升大学生创新拓展能力。

大学生创新实践能力的提升离不开团队与团队之间的交流与互动，教育部每年都会组织全国大学生的创新实践能力训练项目交流研讨会。我们通过"互联网+"交流互动平台与其他学校从事创新实践活动的团队进行沟通，学习其他团队的创新思路，创新实践活动中的经验教训和最终成果，将它们转化为我们的实际经历，更好地拓展与延伸我们的创新实践成果。

# 第四章
# 促进信息技术与教育教学的融合创新

## 一、信息技术与学科教学的深度融合

### （一）大数据支持下信息技术与学科教学融合

提高学习效果、改进传统教学实践是学生和教师共同的愿望，同时也是教育信息化期待达到的目的。然而教育信息化的巨大投入，是否能够与其提高的学习效果相匹配？教师如何高效地跟踪学生的学习进程？诸如此类的问题引起了我们的持续关注。《教育信息化十年发展规划（2011—2020 年）》中明确提出，实现信息技术与教育的全面深度融合将是推进教育信息化工作的一项重要任务，而信息技术与学科教学的融合是学校教育信息化工作的一个重要的方面[①]。现阶段，我国教育信息化发展正处于初步应用的整合阶段，正在向全面融合的创新阶段迈进。

#### 1. 大数据内涵剖析

众所周知，一项研究只有达到量化的程度时，才更加科学。但教学研究大多为相关性研究，并且，即便是相关性研究，也会在进入量化研究时面临种种困难（如数据不足或失真等），因此，许多研究往往仅停留在定性的层面上，进而影响研究的品质。幸运的是，教学"大数据"正在为教学研究带来新的机遇。大数据指无法在可承受的时间范围内用常规软件工具进行捕捉、管理和处理的数据集合，是需要新处理模式才能具有更强的决策力、洞察发现力和流程优化能力的海量、高增长率和多

---

① 姜强，赵蔚，李松，王朋娇. 个性化自适应学习研究——大数据时代数字化学习的新常态[J]. 中国电化教育，2016（1）: 25-32.

样化的信息资产，大数据具有四个特征，分别为容量大（Volume）、种类多（Variety）、速度快（Velocity）、价值高（Value）的 4V 特征[1]。

（1）容量大：确切地说，大数据的容量是指巨大的数据量与完整的数据集。尽管目前大数据的规模仍是一个不断变化的指标，但可以肯定的是：大数据具有完整的特性，是因时依境相对大容量的数据集合。

（2）种类多：在 Web 2.0 时代，数据以互动为特征，个人计算机用户不仅是信息的接收者，同时也是信息的制造者和传播者。这就是数据开始爆炸式增长并且其种类日益增多的原因。

（3）速度快：大数据的处理速度是区分于传统数据最显著的特征。

（4）价值高：对于大数据的使用者，其实现数据使用的最终意义就是数据的价值，具体体现为数据经分析后所获得的洞见与规律，是决策的依据。

2. 大数据促进下信息技术与学科教学的融合

传统的教育研究总是停留在教室门外而无法有效融入课堂教学的实际情境。教室被视为一个"黑箱"，教师是课堂教学的主导者，教室里面的师生互动是属于教师的隐私[2]。而在教育信息化畅行的时代，信息技术对教学的辅助已经逐渐被教师及学生认可与接收，这就使得大数据时代下各种应用于学习的信息分析技术应运而生。无疑，在信息技术与学科教学的融合中我们已经取得了一定的成果，也在不同程度上促进了学科教学的发展，可我们仍然面临着一些亟待解决的问题，主要是环境建设和意识培养两方面。大数据所带来的机遇正是我们进行信息技术时代变革的良好时机，因此我们应以大数据为牵引，进一步促进信息技术与学科教学融合的推进。2015 年 10 月，中央电化教育馆 "基于融合理念创新课堂教学"混合研训活动在汉台区西关小学举行，来自汉中十一个县区的 140 余名骨干教师代表和教研人员参与了此次活动，全市 15 所学校及全国 35 个地市组织教师以远程观摩的方式参加了本次活动的研训直播，"基于融合理念创新课堂教学"混合研训活动紧紧围绕"如何通过信息技术的使用创新优化课堂教学"和 "如何通过信息技术的使用创新

① 马坤隆. 基于大数据的分布式短期负荷预测方法[D]. 长沙：湖南大学，2014.
② 唐绍良. 信息技术与学科教学深度融合的研究与实践[J]. 职业教育，2015（2）：66.

教研"两条主线展开，分为"训前沟通""现场研训"和"远程协作"三个阶段，现场活动有现场展示、技术培训、课堂观察、教学研讨、示范教学、数据分析、专家点评等环节，活动以提升教师移动环境下的信息技术应用与实践能力、提升教师信息化环境下的研训能力，打造骨干队伍、有效促进全市中小学校本研修与网络研修的整合应用为目标，积极探索信息技术与教育融合的区域研修新模式。汉中师范附属小学王红和西关小学谭娜两位老师分别在多媒体环境下完成了语文课"牧场之国"和数学课"交换律"的常规课，当天下午，她们与指导专家和学科亲友团一起，利用"融合"的理念和新技术变革课堂结构的要求，进行技术交流以及专家培训。第二天上午，两名教师又与学生一起利用 iPad 在互联网环境下进行了新一轮的现场创课教学活动，在一对一的环境中重新创课，创造性地完成了教学任务[①]。笔者全程参加了该活动，通过观察与思考，分析如下：

（1）信息技术帮助教师准确收集、处理、分析教学过程中的数据。

教师教学过程中数据的收集、整理、分析以及教师评价客观性的问题，究其根本，是数据的问题。教师很难全方位地应付如此众多的数据，而大数据就可解决这一问题：它可以让教师从源头开始，一步一步地掌握教学数据，从而促进信息技术与学科教学的融合。

① 帮助教师提高教学过程的数据收集效率与准确性。

教师如果能够有效利用学习分析技术的相关工具，就可以做到对学生的学习过程、学习环境以及学习绩效的数据信息准确掌握。毫无疑问，学习分析的对象是学生的学习过程情况，对学习过程中路径、效果、方法等各要素进行的分析，有助于我们进一步细化学习分析的对象，从而构建特定的学习模式以界定各种学习情境。用格语法中的格框架方法以"学习"为中心谓词进行语义格标示，如图 4.1 所示。这一分析将产生三类学习分析技术应用情境：回答"谁在学"的学习者特征分析，回答"学什么、怎么学"的学习过程分析以及回答"学的结果如何"的学习结果分析，构建出可以帮助教师正确收集教学数据的三种学习分析模式[②]。

---

① 汉中市成功举办"基于融合理念创新课堂教学"混合研训活动. http://www.hanzhong.gov.cn/wap/xwzx_13592/bmdt/201509/t20150923_240187.html,2019-03-05.
② 潘克明. 信息技术与学科教学深度融合的研究[J]. 教育信息技术，2015（8）22-24.

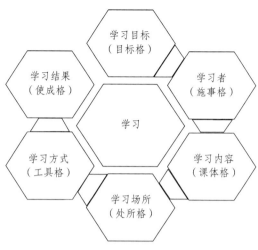

图 4.1　学习"格语"分析分类

②　大数据助教师处理教学数据，提高教学数据处理效率。

繁杂众多的教学数据无疑加重了教师课堂任务。以一堂小学语文的 iPad 课为例，从课前的学习任务布置、学习资料上传与下载，到课中的提问与交流，再到课后的反馈与提升，都产生了众多的数据，包括师生交流次数、学生提问次数等；在如此众多的数据下，要让教师自行进行分析，无疑是一个挑战。可是当使用了计算机辅助下的 S-T 量表处理，就会容易得多，教师只需将记录下的数据输入至 S-T 量表中，便可得出相应的处理结果，这就很好地解决了教学数据处理难的问题。

以汉中市混合研训观摩课为例，在由汉中师范附属小学的王红老师执教的四年级下册语文课"牧场之国"中，以易通明锐公司开发的学习绩效管理平台为依托，分析了大数据支持下的教师课堂活动情况，可以很清晰地看到教师在课堂中各个活动的比重以及所占权重，进一步规范了教师各个教学流程。

③　大数据助教师分析教学数据，提高教学数据分析的客观性与利用率。

教师行动研究是以教师为主体的最贴近其教学实践的研究，是教师对自己的思想、信念、知识及其实践进行有目的、有系统的批判性研究方式，是提升自身教育实践理性以获得专业成长的过程[①]。但由于教师缺乏分析数

---

①　董安美 . 网络学习系统中个性化学习指导系统构建研究[D]. 长春：东北师范大学，2011.

据的能力，造成了教师行动研究进行缓慢，教学改进不足的情况。研训活动邀请专家以及学科拔尖教学能手进行的教学心得分享活动，通过培训观摩活可以提升教师移动环境下的信息技术应用与实践能力以及教师信息化环境下的研训能力，打造骨干队伍，有效促进校本研修与网络研修的整合应用并探索信息技术与教育教学融合的区域研修新模式。

所谓教师行动研究，是教师了解行动研究的意义及发展历程以达到增强其教研能力的过程。教师行动研究有三点鲜明的特征，即理论与实践联系、研究与行动结合和在研究中改进行动。一定的具有科学性的程序是教师进行行动研究所必需的，通过自省的计划、实施、反思的行动研究进程，教师可以不断审视自己的实践知识和教学行为，这一过程不仅有利于提高教师教学生话质量，更能够使教师个人的、缄默的、隐性的实践知识转变成供他人分享的、明确的公共知识，使其能够摆脱外来的"权威理论"的束缚和禁锢，达到促进其教学理论创生与建构的目的。

继续以汉中市混合研培观摩课王红老师执教的四年级下册语文课"牧场之国"为例，以易通明锐公司开发的学习绩效管理平台为依托，运用大数据支持下的学习分析技术，可将课堂师生活动行为频次通过收集分析，制成 S-T 量表，从表中的分析我们可以得知：本次课时长56 分钟，教师活动次数 31 次，学生 55 次，师生互动 20 次，其中 T 行为占有率为 0.48，S 行为占有率为 0.52，为混合型授课模式，学生的占有率为 0.52，学生行为和教师行为的分配比较合理，能够使学生的主体地位较好的得到突出；师生转换率为 0.33，师生互动较好。具体分析结果如图 4.2 所示。

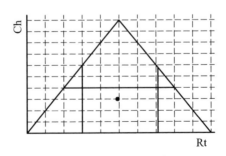

图 4.2　S-T 量表分析

由此可见，学习分析技术可以大大提高教师进行行动研究的热情与能力。教师在行动中研究，为了行动而研究和对行动进行研究，从多方面审视自己的教学现状并积极进行思考与调整。

（2）大数据可以帮助学生准确评估并分析个人学习情况。

学生是学习的主体，学生对于自己学习情况的准确评估和分析对学习过程研究具有重要意义。大数据就能帮助学生准确评估和分析其学习的过程。

① 加强学生对学习过程情况的认识。

通过学习分析技术得到的报告，可以用于学生的自我评价，帮助学生了解自己的优势和不足，认识自我、发展自我、规划自我。反馈给学生可视化的学习绩效结果使学生有望成为利用数据发展自我的主动学习者。学生可以了解自己学习所有课程的情况，包括平均水平，进步程度以及参与频率等，为学生量身定做学习方案。

② 提高学生自我评价能力。

基于数据的决策应用在诊断差距、缩小差距等方面起到了关键作用。从系统和课堂两个角度，学习分析技术能够获得学生的绩效数据并加以分析，以此来诊断学生的学习需求。在新课标的要求下，学生和教师都应转变教学理念以逐步适应"教师主导，学生主体"的要求，学生应逐步将自己置于学习的主体地位并培养自己的学习能力。例如翻转课堂教学，学生被要求在课前利用各种手段进行学习与探索、积极思考问题，在课堂上与老师、同学们一起研究进而得到答案，这便是一个能很好培养学生自主学习能力的模式。

## （二）网络环境下的远程互动教学模式推动了基础教育精准扶贫

在当今时代，"教育公平""教育均衡发展""优质资源共享"等已经成了基础教育教学领域关注的重要话题，而教育信息化在促进教育公平和实现优质教育资源广泛共享、创新教育模式等方面具有重要的支撑和带动作用。它是指在教育教学的各个领域中，积极开发并充分应用信息技术和信息资源，促进教育现代化，以培养能够满足社会需求的人才的过程。而要想实现基础教育信息化，促进教育公平，加快推进教育的均衡发展就应该在网络环境下以新媒体的运用为切入点加强教育信息化的应用。交互式电子白板作为一种新兴的教学媒体,它的引入,对于提高课堂师生互动行为有一定的促进作用,有利于学生主体地位的发挥,对基础教育教学产生了巨大的影响,正在改变着课堂教学,改变着教师的教和学生的学。目前,交互式电子白板和触控一体机的应用虽已比较广泛,但是主要集中在中小学各学科教学中且在单个教室针对一个班级的课堂教学互动研究上,而对网络环境下它的远程互动教学模式还处在探索阶段。早在 2007 年,汉中市电化教育馆就与企业合作,利用万鹏在线平台组织宁强北关小学、汉中师范附属小学利用交互式电子白板开展远程互动教学的实践尝试,2008年,陕西省原副省长朱静芝观摩了利用信息技术开展的城市学校与农村学校远程互动同步课堂,汉中师范附属小学与陕飞一小、勉县周家山小学等学校展示了"同在蓝天下,同一个梦想"远程互动课堂(图 4.3 ~ 图 4.5)。

图 4.3　2008 年远程互动教学画面一

图 4.4　2008 年远程互动教学画面二

图 4.5　2008 年远程互动教学画面三

2018 年，汉中市的西乡县、洋县等县的中小学校已经开始探索基于奥威亚录播系统等平台的远程互动教学的教育精准扶贫模式，图 4.6、图 4.7 所示为洋县南街小学与对口扶贫学校黄金峡小学、黄安镇中小等学校开展的远程互动教学情景。这种教学形式突破了学习空间的限制，扩大了教育范围；同时，由于其远程互动性强，不但能实现教室内互动，也能实现远程师生、生生互动，还能够使在农村等一些条件相对比较困难的学校的学生共享优质的教学资源，实时接受一些发达地区优秀教师的优秀课程授课，达到远距离实时互动教学、优质教育资源互补，这在一定意义上可以真正有效地为促进教育的均衡发展和促进教育公平提供有效解决方案，缩小城乡教育质量的差距。

图 4.6　2018 年远程互动教学画面一

图 4.7　2018 年远程互动教学师生交互画面二

1．远程互动教学活动中的师生角色

（1）教师角色分析。

教师是学生与知识之间的桥梁，其角色由传统的知识讲授者转变为学生学习资源的设计者和学生自主协作学习的引导者，由知识的绝对权威和信息的唯一来源变成学生学习的组织者和帮助者。教师的帮助在学生的学习中起了支架的作用，当学生逐渐学会自主学习时，教师的支架作用便逐渐隐去。

在网络环境下教师开展教学活动的组织、引导和实施。在备课过程中，首先，教师要明确教授的对象不再是一个班级的学生，而是当地和远程班级的所有学生，所以要求教师应考虑到所有听课学生的学习准备情况。然后，在教学内容的准备上应该充分整合现有的教学资源（包括教材、电子课件以及网络资源等），并以多媒体的形式使资源直观化、多样化，同时把准备好的教学资源以及拓展资源共享至教学平台上，以更好地为学生提供学习资源。最后，在教学媒体的设计上，教师应该围绕网络环境和交互活动进行选择和应用。教师要通过调动学生的学习积极性，加强与学生之间的互动交流和提高学生参与程度等，完成把科学知识和学习方法传递给学生的任务，更要注意培养学生的学习能力和发现问题、解决问题的能力，教师应发挥学习活动的组织者、引导者、合作者的作用，充分运用网络环境，既要组织引导学生运用原有合作学习方式协作交流，又要拓宽协作学习渠道，激发学生学习兴趣，引导学生自主、探究学习并积极参与合作学习，形成师生互动、生生互动、人机互动的和谐、合作的良好局面。另外，教师也可以通过交互过程中的生成性资源，进行教学反思、教学研讨和经验交流等，以提高信息化教学的能力和促进教师自身专业发展。

（2）学生角色分析。

学生是学习的中心者、发起者和参与者。其角色由知识的被动接受者成为学习的主人，学生应对自己的学习负责，充分发挥主体作用，积极参与教学活动，在教师的指导下，利用丰富多样的学习资源，计划、组织、管理和评价自己的学习。在远程互动教学过程中进行学习，学生应该主动融入学习活动中，并能在网络和资源库上获得所需的课程、学习资源以及高质量的课程相关信息，在创设的各种教学情境中去充分感知知识、理解知识和建构知识，提高学习的主动性，这有助于学生发现知识和加深对现实世界的理解，有助于学生创新能力的培养，从而使学生获得最佳的学习效果。

2．远程互动教学的过程分析

（1）教学阶段。

在主讲教室里，主讲教师利用交互式电子白板或触控一体机进行课堂教学，在讲课过程中老师把与教学相关的教学资料展示给学生，所有听课学生如同接受传统课堂教学一样，可以听讲、做笔记，提问，教师可以适当地创造学习情境，吸引学生的注意力，以此优化教学效果。我们通过摄像机(头)实时跟踪录制主讲教师的讲授情况以及讲课内容(包括文字、图像、课件等多媒体信息)，并通过网络对其他远程教室实时直播。同时，主讲教师也可以通过软件平台查看各个远程教室学生的听课情况（图 4.8），另外，所有教学活动过程（包括教师的教和学生的学）都能被记录和保存下来，这可为学生后期的课外复习提供更丰富的学习资源，同时也为各个学校积累宝贵的教学资源。

图 4.8　远程教室学生的听课情况

（2）师生交流互动阶段。

在主讲教室，教师可以对学生提问，也可以监控和指导学生学习、组织学生讨论等，师生之间可通过网络自由交流，达到师生交互的目的。此阶段的重点是如何实现主讲教师与远程教室里学生之间的互动。教师通过白板或触控一体机提出问题或学习任务，并通过视频实时地观看远程教室学生学习的情况，同时可以根据各远程教学点问题的特点及共性授权某个远程教室的老师（或同学）进行现场实时提问，教师与学生的交互是通过摄像头对学生的跟踪摄像来实现的。同时，主讲教师把该远程教室音视频图像以及提问题的板书内容和电子内容通过主讲教室广播给所有的网络听课者和参与者，并加以解答。当然，学生也可以远程向主讲教师提出自己的问题和疑惑，主讲教师进行远程指导，真正实现了远程的学生就像在教室里实时听课的效果，还可以借助网络实现不同教室学生之间的远程交互，如图 4.9 所示。

图 4.9　远程课堂师生交互画面

（3）课后复习阶段。

课后适当地布置学习任务，一方面，促进学生对知识的建构，学生可以利用电子白板保存和实时录制的教学材料再学习；另一方面，促进学生对知识的迁移，能够在日常生活中对知识学以致用。

随着科学技术发展和信息技术设备的更新，网络环境下实施的远程互动教学形式无疑在一定程度上使更多的学生尤其是欠发达地区的学生能够共享优秀教师的授课和丰富优质的教学资源，使远程学生身临其境般在一个整合的虚拟教室里完成学习、讨论、提问以及回答问题等活动，发挥了学生学习的潜能，同时也发挥了数字化学习环境的支撑作用，节约了教育成本，提高了教学效率，有利于基础教育的均衡发展与教育精准扶贫的推进，为进一步实现教育公平奠定了基础。

## （三）信息技术支持下小学语文写字教学

### 1. 信息技术支持下小学语文写字教学的必要性

写字能力对于语文教学来说是最重要的基础。写字教学是培养学生写字能力、进行中华民族历史文化启蒙教育的有效途径之一，是语文教学的基础，只有打好识字写字基础，才能顺利进行阅读和写作。然而，在今天的计算机信息化时代，自动化办公全面普及，键盘和鼠标代替了写字，写字教学越来越被人们忽视和淡化，写字教学的发展遇到了重重困难。因此，很有必要对信息技术支持下的写字教学进行深入研究，将信息技术应用于写字教学，用信息技术的优势来促进写字教学。

（1）信息技术支持下小学语文写字教学可以促进中华传统文化的传承与发展。

汉字是中华民族文化和智慧的结晶，传承好优秀中华文化是我们的神圣使命。汉字书写是中华传统文化传承的基石，只有从小学生抓起，把汉字写工整，才能从小培养国民的民族情怀，继承和发扬博大精深的传统文化。在如今信息技术时代，整齐又快捷的"键盘+鼠标"代替了传统的"纸和笔"，逐渐成为信息交流和知识传递的重要方式，甚至在各大高校已经达成默契，学生的作业、教师的教案直接由键盘完成，通过 e-mail 直接交给老师或者上传网站。在这样的形势下，写字教学仿佛进入了一个发展瓶颈：小学生还未掌握到正确的写字方法，书写就已经让键盘代劳了，长此下去，提笔忘字现象就会越来越严重，文化传承都会出问题。

信息技术作为现代化教学工具，是社会发展的必然产物。任何一个现代化教学工具的兴起，都能促进基础教育教学的开展，信息技术的发展与写字教学不是对立的，而应该是促进关系。以信息技术直观形象的特点，来促进写字教学更生动形象的发展，以更加丰富的表现形式适应现代小学生的课堂教学，促进中华传统文化的传承与发展。

（2）教育改革背景下给语文识字、写字带来的巨大挑战，迫使信息技术与写字教学相结合。

按照语文新课标要求，小学低年级学生要先认后写，提高识字能力，打好阅读基础，这个改革目标给语文识字、写字带来了巨大挑战。但是把识字和写字完全分流，是不现实的，在小学生进入高年级后，学生在正式进入写字教学阶段，会出现错别字较多或提笔忘字的状况。如何运用现代信息技术才能既让小学生增加识字量，又会写基础字呢？建议从小学低年级开始，就要尝试边识字边写字，把现代信息技术形象可观的优势带进小学写字课堂，用"识"引"写"，以写促识，有效提高小学生的识字率，也可避免学生步入高年级时因识字量增加而出错别字的现象。到了高年级，摒弃枯燥乏味的传统写字教学，大胆设计现代教学课件，用形象、动画及手写对比、评价等电脑视频来促进写字教学，提高学生写字能力。

（3）信息技术支持下小学语文写字教学水平可以向更高层次发展。

随着信息技术的高速发展，相当一部分人认为信息技术可以代替写字，只要轻轻敲击键盘，点击鼠标，就可以易如反掌地将所需要的文件输出，规整又美观，写字将逐渐被淘汰。受应试教育影响，有人认为写字不是必考科目，写字教学耽误了学生时间，增加了学生的负担。也有一部分写字爱好者认为信息技术的出现对传统写字文化带来了前所未有的冲击。那么，信息技术真的对写字教学带来的影响只有负面没有正面吗？其实不然。信息技术直观生动的表现形式是传统教学无法比拟的，效果也是传统教学无法达到的，信息技术与课程整合正是我国基础教育教学改革的一个新途径，它走进课堂是必然的，也是进步的，必将更科学地推动写字教学向更高水平更高层次发展。

（4）信息技术可以促进小学语文写字教学形式多样化，丰富课堂教学。

信息技术的兴起，深刻影响和促进了教育事业的健康发展。信息技术走进课堂，运用多媒体辅助教学，用视频音频等多样化的教学手段来促进教学形式的多样化，已成为小学写字教学的重要方法之一。多媒体教学以光感强、直观形象、视听结合、可静可动、操作方便等为特点，更加符合小学生的年龄特点和思维特点，有效适应了小学生好奇、好玩的心理特点，使孩子们在不知不觉、好奇快乐中学会了识字写字。因此正确合理地使用多媒体进行写字教学，不仅带来了多样化的教学形式，丰富了课堂教学，而且显著提高了教学效率，达到了优化课堂教学之目的。

（5）信息技术的运用能拓展教学视野丰富学习内容，提高课堂效率。

现行的通用小学教材课本符合教学大纲要求，但也因课时和篇幅所限，只能提供学习的最基本内容，大多枯燥乏味，更多的知识都需要教师在教学过程中进一步拓展，也需要学生走出课本，扩大阅读量，拓展知识视野。利用信息技术支持下的多媒体模式教学，在教学前教师能海量搜集与本节课程相关知识并进行展示，为该节教学做铺垫，其实就是课外知识拓展，这样不仅丰富了学生的知识视野，促进了教学，打开了他们思维的阀门，更教会学生利用现代信息技术自己进行课外知识拓展的方法，大大提升学习效率。

2．信息技术支持下小学语文写字教学的开展途径

传统教学中存在了如此多的问题，作为当代飞速发展的信息技术则

有责任优化传统教学，为小学语文写字教学贡献力量。

（1）借助信息技术手段开展小学写字教学的宣讲和组织工作。

写字教学的传统根基在于中华文化的传承和发扬，要使师生和家长充分领悟到写字教学的必要，就要做好写字教学的宣传和组织工作。而在信息技术时代，现代媒体的优势在于宣传面广、情境生动。故做好写字教学的宣讲和组织工作需要信息技术的支持。

在线上，利用现代的媒体来对写字教学的宣传，如电视、广播等宣传媒体开办书法类节目，定期安排播放。在线下，不仅可以在杂志、报纸等要刊登书画宣传文章，扩大宣传面，还可以利用传播效果更好的信息技术手段，对活动进行宣传和通知，鼓动更多学生参加。如书画协会等组织要定期开展不同层次的书画展、书画竞赛、书画义写，动员小学生多多参加，就可以通过广场大屏的滚动播放，来对该活动进行宣传。由于小学生的好奇心较强，对图画和卡通人物有浓厚的兴趣，我们可以利用信息技术相关软件制作一些漫画和动图，设置专门的宣传车在小学附近进行播放，激发小学生对写字的兴趣。

小学生还没有形成完整的认知体系，一个良好的环境可以促进他们的成长。家长和老师作为他们人生导师和最信任的人，对他们的影响巨大。社区要定期通过小区 LED 大屏，宣传中华传统文化的相关活动，潜移默化地让家长提高对写字教学的重视和认识。在学校，在课间操、课间十分钟时段，可以对书法进行视频播放，也可以进行广播宣传。生动的语言、形象的动画确保学生既不会感到填鸭式教学的压迫感，又在趣味中对传统文化有更深的了解，久而久之教学育人就能看到良好的效果，良性循环下去，学生对写字教学的兴趣在潜移默化中增长。学校要把现代化写字教学纳入教学安排，编入课表，实施课时保障，定期考核，组织汉字书写大赛、编写手抄报、举办中华优秀文化节目和文艺汇演等，通过信息技术手段将相关内容上传教务系统网站，利用微信公众号、班级微信群分享给家长，进行评价和展示，通过活动反馈，也让家长对学校活动越来越重视，在学校、老师、家长对写字教学的共同重视下，丰富小学生的课余生活，促进他们将来更好地传承和发扬中华文化。

（2）通过信息技术手段对教师进行书写培训。

大多数小学写字教师由于没有经过专业培训，对于信息技术的使用能力也不够，对相关软件不熟悉或者压根不了解，因为技术层面达不到要求而选择了传统教学。所以，要普及信息技术支持下的小学语文写字教学，就要加强对相关写字教学教师的专业化要求，给学校配备专业的写字教师，打造专业写字教学团队，进行定期培训，不断更新教学方法和教育理念。这就要求学校要制定培训计划，开展继续教育，定期进行教师自身书写素质提升、教学观念和教学方法更新的培训，相关课件软件的培训、计算机应用能力的培训等等，提倡写规范字，用计算机教学，不断提高教师自身能力。由于现实生活中教师的工作较多，很难有固定的时间进行系统地学习。建议利用信息技术在业余时间进行线上自主灵活学习，这样就可以把碎片时间利用起来，既解决教师能力提升需求问题，又通过对信息技术的实践和软件应用，使信息技术与小学语文写字教学紧密结合起来。教师的专业化提升与现代信息技术的进一步应用，将有效提高写字教学效率，小学生的写字学习自然会更上一层楼。

（3）利用多媒体创设教学情境，激发小学生写字兴趣。

小学生由于生理和心理的特点，学习兴趣不稳定，学一样东西往往觉得好玩才去学习，且不能持之以恒。有些学校为了加强素质教育，虽然集中少数学生举办书法兴趣小组，但受益的只是极少数学生，所以，致力提升整体学生的写字兴趣刻不容缓。因此，教师应该利用现代信息技术和多媒体从激发大多学生学习的主动性入手，促进学生好学、乐写，激发小学生的写字兴趣。

利用多媒体手段创设情境教学，激发小学生的写字兴趣。低年级的学生活泼好动，易受到情感因素的影响，单一的教学内容往往会使他们感到枯燥无味。因此要摒弃传统教学弊端，抓住小学生对声音颜色动画等比较敏感的特点，利用多媒体创设情景教学，引起他们的注意，使他们对写字产生兴趣，完成识字与写字教学目标。要抓住小学生一次只能保持 20 分钟左右注意力的特点，在教学中满足学生的学习心理，利用多媒体创设丰富多彩、新颖有趣的教学情境，使学生的多种感官参与教学，增强他们对于课堂的兴致，使他们充分置身于写字教学之中，在无意之间中体会写字的乐趣。

利用多媒体，声情并茂地播放我国书法名家的故事，引导学生产生写字兴趣。要经常性地利用现代媒体播放书法名家故事，让学生在书法名家故事的熏陶感染之下，体会到书法家写字成功的秘诀是刻苦努力、锲而不舍，学习到写字的要领。如讲解王羲之苦心练字，误食"墨汁馒头"的故事，东汉书法家张芝 "墨成池"的故事。运用动态漫画展示生动的故事情节，配上优美背景音乐，充分激起了学生的学习兴趣，也让他们明白了要写好字，不是一朝一夕就可以做到的，需要持之以恒的忘我精神，才能取得成功，获得成就感，最终走向书法家的人生巅峰。

利用多媒体，播放优美的音乐，在轻松快乐中培养写字兴趣。优美的轻音乐能够陶冶人的情操，使人身心放松，能使人在轻松愉快中完成学习和工作任务。书法和音乐有共同点，他们都有节奏、旋律、变化、和谐等形式美。在写字教学中，选用古筝曲、钢琴曲等播放给同学们听，让学生在优美的轻音乐中练习写字，不知不觉完成写字任务，使学生觉得写字并不难，通过笔进行美的表达，兴趣自然养成。

（4）正确利用信息技术强化小学生语文写字教学。

① 利用信息技术直观展示汉字构字规律，使小学生更快更有效地掌握识字方法。

在识字教学中，熟练通过使用课件来展示汉字构字规律，巧用象形字、指事字、会意字、形声字的特点，构建情境教学，实现教学目标的完成。如教学"停"字，教师首先运用识字课件展示亭子的图片，引导学生探究象形字"亭"的结构，从上至下"亠"像亭子的顶部，"丁"像矗立的亭柱，故为"亭"。接着，用课件呈现一个人向亭子走来，在旁边休息。此为"停"。在这个完整的教学情境中，教师在信息素养和教学逻辑的指引下，运用信息技术独有的特点实现识字教学，高效地完成小学生识字教学目标。

由于小学生的识字能力还不够，对字的印象仅仅停留在大体轮廓，所以形近字的辨别和学习对他们是一件难事。这时，教师就可以利用信息技术，把字形作为重难点，激发学生对形近字的辨别本领。如："小"和"少"字，"己"和"已"等。对于"恩"字和"思"字，教师可以通过"原因记心上"和"心上一篇田"的教学情境来区别。学生便可以轻松记住形近字最难区别的特征。由于教学效率提高，学生练习次数也可以减少，这就轻松落实《新课标》"多认少写"的教学目标，利用信息技术揭示汉字间架结构并科普其蕴含知识。如教"家"时，古代汉字中"宀"是指"房子"，"豕"是指"猪"，从字形上看，"房子里有一头猪就是家"。这个结果每个学生都难以接受！然后出示一幅"人们居住在上面，下面养猪等其他牲畜的干栏式建筑"图片，揭示"家"字蕴含知识：古代生产力低，猪等其他家畜是对人们非常重要的资产，我们祖先居住在干栏式房子里，上面住人，下面养猪；居住在其他房子里的人们，有的把猪留在房子里，也有的把猪养在院子里……有房子、有猪，就成了"家"的标志①。利用信息技术不但可以直观展示汉字构字规律，使学生更快更有效的掌握识字方法，还揭示汉字中所包含的知识，更能够使学生感受到丰厚博大的中华文化。

② 利用信息技术动态展示汉字成字过程，对小学生写字方法与技巧进行直观教学。

一笔一画构成汉字，想要把汉字写的精致好看，就要理清汉字的基础笔画。在小学低年级写字教学中，使用信息技术手段将最重要的笔画出示在大屏幕上，轻按鼠标，学生会清楚地看见一个个基本的笔画书写流程图，通过大屏幕展示重要笔画的运笔过程。接着，将笔顺连接成字，采用信息技术动态展示汉字成字过程，每一个笔画的起、行、收运笔技巧，哪里轻，哪里重，哪里快，哪里慢都能通过信息技术的声音和视频动态展示给学生。

在练习的过程中，利用信息技术将学生的动态成字过程摄录下来，通过大屏幕进行对比讨论评价，从而对小学生的写字方法和技巧进一步完善。

（5）巧妙利用信息技术手段，培养小学生良好的写字习惯。

良好的写字习惯是小学生写字成果的基础。只有标准的书写习惯，才能写出最工整、最美观的字体。在教学中，我们可以利用信息技术，利用新媒体辅助来帮助学生养成良好而规范的写字习惯。如对比播放正确与错误写字姿势动画片，让学生找出他们之间的不同之处，在交流讨论中加深印象，并让学生在观看中模仿正确的书写姿势，让其他同学评价，再播放一些错误写字姿势引起的骨骼变化和不良后果，提高学生的警觉性和危机感，从而起到纠错的目的。还可以运用微课教室的摄像头不定时地记录下学生日常不正确的写字习惯，捕捉到同学们不同的写字姿势，让孩子们自己去评判，已经有一定审美的小学生会自觉地改变自己，长此以往，学生的写字习惯就会产生质的飞跃。这也是巧妙利用信

① 徐小琼. 小学低中年段信息技术与语文识字教学的融合[J]. 教育信息技术，2014（01）：30-31

息技术手段的实例。

信息技术的出现为教育工作带来了跨越式的发展。信息技术的普及和它与写字教学的深度融合，有效促进了写字教学的创新发展。小学语文教师要充分了解信息技术应用的必要性，运用现代信息技术丰富多彩的课堂情景形式，激发学生兴趣，推进写字教学在新时代的新发展。

## （四）K12 在线英语教育平台的 UI 设计

随着互联网时代互联网技术的突飞猛进，国内一些知名的少儿英语教育（例如 K12 教育）机构也开始借着互联网发展的春风，由传统的教育形式向网络远程教育模式看齐，开发自己的少儿在线英语教育平台。K12 在线教育平台以其独特的优势已经在全国范围内得到推行与使用，英语教育作为一种语言教育，更重要的是运用，因此，平台建设过程中的应该借助 UI 交互设计促进交流与交互，提升教育质量。

1. K12 在线英语教育平台 UI 交互设计的必要性

（1）为了满足不同 K12 用户对平台功能的需求。

目前，K12 在线英语教育平台与 51Talk、VIP ABC、VIP KID、哒哒英语、新诺国际英语等相对较热门，他们决定着在线英语教育平台的模式和价格差异，这与是否是一对一的课程，与老师是否固定、老师是否是外籍等有关。与传统培训机构相比，网络教育平台更有可能形成规模经济和市场垄断，从长远看这样是不利于平台发展的。对于 K12 在线英语教育平台来寻找差异化的竞争优势，它应该从三个核心元素开始：教师，教材和技术。对于专业教师而言，目前大部分平台都是兼职教师，所以严格筛选符合机制的平台显得尤为重要，根据不同地区的教师会有不同的价格；在教材的选择上，有原版教科书的介绍，以及"本土化"和自学资料的"研究与开发"。还有基于美国 CCSS（美国共同核心州教育标准）的改编；在教学系统层面，它最初是在 QQ 或 Skype 上授课的。因此，基于来自不同用户体验的反馈开发出独特的教学系统将会显得尤为重要，K12 在线英语教育将成为重要的教育方式。

（2）满足不同 K12 用户对教育平台的视觉艺术体验。

依托着互联网技术迅速普及的高速列车，在线教育发展的势头也愈演愈烈，它向我们展示了一个全新的、多元化的学习空间，在悄然改变我们生活的同时，也为愿意学习知识的每个人提供了一个更方便的学习方式。然而，教育技术一直处于技术领域，设计美学属于艺术领域，如何将艺术与技术完美结合也是人们越来越重视的话题，若能将富有情感的设计美学融入充满理性的教育技术中，便能实现艺术与教育技术的和谐并存，通过美学将教育发展的优势完美展现。如今，在网络教育产品的开发和建设中，UI 交互设计体验受到越来越多公司和企业的关注。因为它微妙地影响了学习者的情绪以及在线学习中对知识的接受程度。学习者凭借着对在线教育平台的第一视觉与形象感受，决定是否进一步接受这一平台所提供的信息。因此，良好的设计经验可以为人们带来舒适独特的视觉艺术体验，并传达出一种美学上令人愉悦的信息形式，从而引发学习者之间的共鸣。

（3）充分体现 K12 在线学习者的学习主体性。

① 低龄化在线英语教育热显现，近年来随着生活水平的提高，出国读高中和本科的学习者基数逐年提高，这些学习者对于英语教育和培训的需求也非常强烈。此外，这些用户可能会考虑通过线上学习加线下练习相组合的方式来提高自己的英语水平。

② 到国外游学成为近年来吸引年轻用户和家长的新活动。在线教育培训机构通过用户需求分析调查研究等方式来考察用户，来提高用户在这一过程中的满意度。培养用户对自己品牌的忠诚度，这就是为什么许多在线英语教育机构还推出儿童国际英语，学习旅游计划和离校前准备培训课程的原因。在线英语教育产品可以将旅游计划用作 O2O 模型的新尝试。

值得一提的是，无论是年轻一代的在线英语教育还是考察学习，最重要的变化就是用户群体角色的变化。对于成人网络教育，用户组是在线英语教育者本身，而 K12 在线英语教育的特点是用户和购买者分离。因此，K12 在线英语教育产品必须从家长和心理学角度抓住父母的购买群体，分析产品。设计产品，优化产品，站在使用者（孩子）的角度去设计课程，优化课程，最终吸引家长为孩子选择更有效率的学习产品。

2. 基于 K12 在线英语教育平台 UI 交互设计

交互设计是指让学习者在操作过程中与信息交互的设计。因此，在交互式设计过程中，应该更多地考虑学习者的行为习惯，以便学习者在操作过程中能够获得愉快而有效的学习体验。本文主要以新诺阳光少儿英语（2~18 岁）项目设计为例，进而分析我们的设计策略：

（1）重视交互界面版式结构的设计，突出 K12 在线英语教育主题。

因为青少年学习者在学习过程中能关注到的内容是有限的，在设计过程中的文本，图片等都要控制在一定的范围内。针对青少年学习者，我们设计的界面大小最好保持在一屏（1920×1080 像素）范围内的屏幕高度。

界面设计的结构主要是传达平台的文字，图片等有效的要素，以特定的主题把设计意图变现出来，使得界面的内容一目了然，同时又不失去视觉效果。在设计过程中要使界面结构相对于文字和图片等要素的设计更加统一，在此过程中还需要系统性的思考，使得平台的主题更加突出，让学习者更加快捷地找到主要内容，提高使用的便捷性。

在线教育平台界面中的版式结构设计将直接的影响学习者使用平台的便捷性，学习者是否能通过设计者合理的布局找到平台的核心内容是在线教育平台开发的重要工作。基于尼尔森的"F"型浏览模型，大多数的浏览者在浏览内容时都会以"F"形状去浏览界面。所以在设计界面是往往要以左上角作为整个界面的第一视觉点，而左上方，上方和中上方则是界面的最佳浏览位置。

（2）优化交互界面的视觉设计，提升 K12 在线英语教育平台的学习效率。

很多人会发现儿童使用的物品有别于其他物品，最明显的特征就是颜色，这是因为儿童视力到 8 岁才能发育完全，对色彩的认识会从简单的三原色开始，偏向于高纯度和高亮度的原色。新诺国际少儿英语的界面则主要以品牌橙色为主，配合其他颜色使得界面更加丰富，整体风格更加简单，营造相对轻松的氛围。在界面设计过程中对于少儿心理，视觉等方面的有足够的了解，选择少儿喜欢的人物、色彩来解决少儿在学习过程中的注意力不集中等问题，能够大大提高产品的效率，从而提高在线英语教育产品的受欢迎程度。

在 UI 设计过程中需要注意的一个问题是如何减少用户的点击次数，让用户在尽可能少的点击范围内满足自己的需求。在线教育平台面对的用户通常为孩子，所以在界面的层级设计中应充分考虑这一点，使界面逻辑更清晰，更容易操作，能够让用户更高效地学习。通过统一界面结构，减少页面间的层级跳转，从而使用户的学习成本大大降低，尤其对于少儿学习者来说，减少了他们在学习过程中的负担。

（3）强化交互功能设计，提升 K12 在线英语教育平台的适应性。

以儿童家具为例，儿童家具一般都有保护措施，避免儿童在缺乏自我保护意识的情况下受伤，界面设计也是如此，避免烦琐的细节，边缘通常是圆形的。在线课程主要以视频和图片为主，视频则根据儿童喜欢的卡通动画进行开发，儿童通过卡通形象可以轻松识别内容，另外也更能够吸引他们的注意力；儿童对界面是否可操作没有明确的概念，东摸西摸可能会影响设备正在执行的任务，所以这时需要设计相应的干预或锁屏措施。新诺阳光少儿英语在线测评界面为了防止发生误触，在交互上就有专门的弹窗提醒，需要完成任务才能离开。

（4）加强交互的应用导航设计，优化 K12 在线英语教育平台的操作性。

导航在界面的浏览与操作中已成为必不可少的部分了，无论什么类型的平台都会有导航功能的存在，目的就是为了用户能更直观、快速地找到获取信息的方式，减少学习负担。因此，界面中良好的导航设计一定是能简洁、清晰、准确地提供给学习者所需要的信息，这种便捷性也是决定学习者是否能在这个平台持续学习的一个重要因素[1]。

对于在线教育平台，由于其课程的分类较多，所以首先它的导航信息要简单、直接、有效。在交互设计领域有"三次点击"原则的理论，是指如果学习者在操作界面时三次点击之后还无法找到所需要的信息，就会停止对该平台的使用。虽然这种说法也遭到了一些学者的质疑，但将交互方式简单化，使学习者每次点击都是明确无误的，并能以较短的时间获取到有效的信息则是进行交互设计的过程中重要的内容之一。百度传课的导航有 3 级，在一定程度上会给学习者造成一定的认知压力，有可能在选择课程的操作中就要纠结很久。而新诺少儿英语导航信息只有 2 级，从界面视觉上没那么烦琐，作为一款面向青少年的学习系统，尽可能地减少操作步骤可以让学习者有效的做出操作选择。

（5）加强搜索/筛选框交互的应用设计，促进 K12 在线英语教育平台辅助功能的完善。

搜索功能对于在线教育的平台来说也是一个重要的范畴，是学习者

---

[1] 王秀峰．Web 导航中用户认知特征及行为研究[D]．南京：南京大学，2013.

获取目标信息最直接有效的途径[①]。一般会用到搜索框的大部分都是目标型的学习者，他们进入界面会直奔搜索框寻找目标课程，如果此时平台的搜索功能的交互体验不好，便会导致学习者放弃继续使用而转向其他平台，因此，搜索交互功能对于学习者能否在平台上找到相应的课程资源起着举足轻重的作用。从目前众多的在线教育平台的比较来看，大部分的搜索框位于界面的上方，与品牌齐平，这符合多数学习者的操作习惯。

搜索的主要目的则是通过搜索使用户得到自己想要的结果，例如：在新诺国际少儿英语在线教育平台主要搜索则集中在对上课老师的选择上，让用户便捷地选择自己感兴趣老师的课程，但是考虑到搜索的老师不一定会在某个时间段有课程，所以可设置为学生推荐老师的形式，不但减少了用户（学生）的失望指数，给用户带来更好的用户体验。

K12 在线英语教育借助互联网发展的高速列车，通过不断优化平台 UI 界面设计，促进交互体验不断优化，最终开发出以学生个性培养为目的价值的产品。

## （五）信息技术环境下小学和谐课堂的构建

和谐课堂是指在课堂教学过程中运用恰当、科学的教学手段和方法，让学生在愉快、轻松、和谐的气氛中学习，从而提高课堂教学效率，减轻学生负担，使学生得到全面发展[②]。和谐课堂是通过调控教育中诸多教育要素的关系，使教育的节奏符合学生的节奏，以学生为主体，促进学生和谐、全面、充分的发展。和谐课堂教学环境对学生的影响是潜移默化的，最终帮助学生在具体、生动的课堂教学中自觉地去接受这种熏陶，克服和改变不适应这种环境的行为方式，真正成为学习的主人。

### 1．信息技术在构建小学和谐课堂时的必要性

飞速发展的信息技术给基础教育带来了巨大变革，同时也给教师带

---

① 姚逸睿，陶晋．基于行为心理引导的移动搜索交互设计浅析[J]．艺术与设计（理论），2011，2（9）：113-115．
② 王建姝．优化组合师生互动——浅谈小学信息技术和谐课堂[J]．课程教育研究，2013（24）：4-5．

来了新的任务挑战。在现代教学实践中，教师仅靠一张嘴、一支粉笔、一块黑板、一本书已经很难适应实际发展的需要了。信息技术环境下的课堂，要求教师能够真正能熟练地运用信息技术为教学服务。这样做一方面可以避免传统教学复杂而冗长的课堂板书，节省大量的课堂时间。另一方面可以管理、监督课堂纪律，不至于因为板书时间过长而导致课堂时间的不足。信息技术对于教师在教学活动中快速有效地传输大量的有用信息，是非常必要的也是非常有效的，这也能够使教师易于掌控课堂，不至于因为板书课程要点、整理教学用具等情况而忽视了对课堂的监控。除此之外，教师还可以根据课堂内容，利用信息技术让小学生根据问题情境小组讨论，组员发表个人见解，从而使难点变易，观点更多，思维发散。

新课程要求在让学生掌握课堂知识的同时对其创新思维、创新实践能力进行培养，使学生的个性化得到发展。同时，信息技术的应用，也恰好解决了小学生注意力很难集中并且集中时间短的问题，从而改善了小学生的思维方式和想象力不足，难将抽象、枯燥的理论知识具体化、生动化的现状。另外，利用信息化的教学设备，可以将文字、图片、音频、视频、动画等多种信息和载体进行综合呈现，小学生看得有趣，听得用心，理解到位，自然很快就能掌握重难点。在充分发挥教学媒体作用的同时，实现自主探索、多重交互、情境创设、合作学习以及资源共享等多方面要求的学习方式，最终将学生的主动性、积极性充分调动起来，使课堂的教学结构发生根本改变，真正提升学生的创新精神和实践能力。教师要善于发现小学生的特点，发展抓住信息技术的优势，从本质上改变学生接受知识的方式和学习环境，构建面向信息化的和谐课堂。

2．信息技术环境下构建小学和谐课堂的对策

信息技术的使用，可以使教师有更多的时间去关注学生的课堂表现，能及时了解和掌握学生对课堂信息的掌握程度，以便在后面的教学活动中对教学策略和方法进行不断的调整、完善，使教师的课堂教学理论和操作水平得到不断提升。对于理论教学的枯燥乏味，利用多媒体提供信息时候，学生的专注程度明显增强。因为多媒体提供的多感官刺激是丰富多彩的，而小学生的天性就恰恰适合于此。在课堂上，通过学生的发

言、讲解、讨论等环节，信息技术能够让教师及时地了解课堂教学效果和不同学生对知识的理解、掌握程度，从而对学生的错误予以纠正，对学生的进步及时鼓励，也能够为学生提供更广阔的学习空间和展示自我的平台，这些都明显地体现了信息技术在教学活动中的有效作用。同时，教师也可以通过学生上课的反应和回答问题的积极性，对课程设计、课堂结构、课程实施等方面进行改善和提升，从而强化和谐课堂的教学质量。

（1）利用信息技术呈现与优化课堂内容，构建和谐课堂学习环境。

在信息技术环境下创设和谐的教学环境，不仅需要完备的教学设备，更需要教师恰当地使用教学设备，优化技术手段。从多媒体课件的制作到课堂上的人机对话以及对网络信息资源的选择利用，要求教师不仅承担教书育人的责任，还要充当技术工人的角色，对自身信息技术的运用水平不断提升，熟练驾驭整个多媒体课堂，从而提高课堂效率。要教会学生如何正确操作，加强对教室设备的管理。教师在进行人机交互过程中，重视小学生的需要和发展，了解在运用信息技术呈现课堂内容时，小学生真正需要以怎样的方式、方法，才能更好地接受及吸收课堂内容，考虑每一位学生的感受，让每一位学生都有亲身接触与尝试操作的机会，让学生在掌握课程重难点知识的同时，得到好奇心和求知欲的满足。还有，教师要积极带动学生对信息技术的了解，在信息化课堂教学中，对小学生应该以鼓励为主，认真听取每位学生的想法和看法，让每个孩子都能接触信息化设备，从心理真正接受、理解信息技术环境下的课堂与传统课堂的区别，在视觉、听觉、触觉等多种感官并用的课堂环境中，领悟到信息技术的奇妙之处。要促使每一位学生都能够主动地在信息技术环境下，学会发现问题，提出问题，讨论问题，最终解决问题。要努力创建有利于小学生个性发展的教学环境，全面关注小学生的差异，提高课堂效率，进而使每一个学生学有所得、学有所成，为每一位学生提供发展的空间，促进学生个性的全面发展。

优化技术，不是简单地要求教师掌握设备的使用方法，而是要求教师将多媒体技术作为教学信息的演示工具，使信息技术与学科课程融合，避免对素材求多、求细，在有限的课堂时间内传输的信息量过多或只追求课件的外在形式，比如太过于鲜亮的颜色背景，太多显眼的标题，不合适的辅助图片等，都会让小学生只注意或记住这些表面形式，而真正忽视了课堂要传达的内容，违背了认知规律，分散了小学生的注意力，冲淡了学生对重难点知识的注意力，最终很难达到理想的教学效果。在技术方面，教师要清楚认识信息技术在课堂教学中的优势，我们要用科学的方法发挥它；对于劣势，要用灵活的方法化解它，坚持教师教学操作与多媒体技术手段的统一，使教学模式有质的飞跃，构建多媒体课堂的艺术和谐。

（2）利用信息技术改变传统观念，构建和谐课堂氛围。

教学观念的陈旧落后，难以适应实际发展的需要。虽然目前很多的小学教师有扎实的专业知识，但还是习惯延续传统模式，教师还是课堂教学的主导者，信息技术只是一种可有可无的辅助，对现代教学技术意识与技能掌握普遍还较薄弱。因此，还是要首先转变观念，教师首先要从观念意识上改变对信息技术的认知，从思想和行动上有彻底的改观，充分发挥信息技术的优势。信息技术与课程融合是优化课堂结构的最高目标，将有力地革新传统的教学与学习观，改善学生的学习方式、学习资源和学习环境，改变课堂教学物质环境和心理环境来调节学生的学习状态和教师的教学状态，纠正信息技术机械应用的误区。最终构筑面向信息化社会的学习环境，形成师生和谐的教学课堂，提高学生获取信息、运用信息的学习能力。

（3）利用信息技术构建交流平台，促进师生的和谐互动。

教师在课程设计时必须以小学生为中心，即围绕小学生展开课堂教学中的各个环节。这主要表现在：在课前的软硬件准备中，结合小学生年龄特征，以小学生为中心进行设计，要求符合小学生的认知水平与习惯。小学生的思维倾向于直观形象，生动活泼，情趣盎然的教学设计才容易被其接受。因此要根据小学生的特点与需要，有针对性地准备所授内容；在课程设计过程中，采用多种软件交互使用，展示丰富多样的教学内容。在授课过程中，根据课堂中学生的反应进行灵活转变，容易跟学生进行互动，给学生留够充足的时间思考、理解，不要只是急于表现形式或展示预先准备的课堂内容。利用信息化教学设备和信息资源，教师可以创设一个具体明确的问题情境，师生为了共同解决问题开始思索和交流，在交流中分析论证思考过程的对与错，求同存异。丰富的课程设计，要求教师能熟练运用信息技术、多媒体技术为教学服务，成为多媒体课堂的主导者，不断去学习，掌握信息网络技术和一些多媒体课件的制作方法，例如用 Flash 等多种软件相结合制作生动形象的多媒体课件。丰富多样的多媒体设计，帮助教师更好地优化课程内容，获取并迅速处理大量的各种有益的信息，做到课程设计详尽周全，内容丰富多彩，使课件更具有可操作性，价值更高。此外，交互电子白板具有记录与回放功能，还可以实录课堂中的所有活动。在日常课堂教学中，教师为了不中断课堂，在整个表述完成之后再加以纠正，可以使用交互式电子白板把课堂某个片段重新回放，再与学生有针对性地互动，学生就能很快意识到在什么地方犯了错，就会自觉纠正或者主动帮助其他同学纠正，最终实现人机、师生以及生生之间的交互学习。

（4）利用信息技术落实课程实施，构建和谐教学活动平台。

信息技术运用于学科教学，能够促进课程的有效实施，促进学生的有效学习。信息技术手段能够代替人工所不能做的很多事情，并能够达到人工所不及的效果。新的课程标准重视课堂中"以人为本""以学生为主体"的人本化教学理念，重视学生创新能力的培养，强调学生通过课堂学习新知识、新方法、新思想的重要性。而充分运用现代信息技术，可以有效构建"情境创设""协作学习""会话交流"的学习环境，营造和谐的课堂教学氛围，从而完成预期的教学目标。因此，熟练掌握信息技术设备，将信息技术与课程有机整合，充分发挥信息技术的优势，与课堂内容深度融合，使课程实施变得丰富而高效，使整个过程变得方便快捷、简单可行，从而促进小学生进行快速、轻松的学习。教师应该在不断提高自身素养的同时，对学生进行培训，让学生也能够熟练操作设备，以防在人机交互过程中导致设备出现故障。所以，师生要依靠强大的多媒体技术提升自身素养，使纷繁芜杂的教学环节变得方便快捷而高效。教师的操控、学生的互动，各环节和内容的交互都能够达到传统人工教学所无法比拟的。

我们对信息技术的应用与掌握还需要进一步的提升。为了在信息技术环境下创设和谐课堂，在课堂教学中就要充分合理地使用各种教学媒体来优化课堂教学的每个环节。为此，教师需要对自身信息技术与课程融合的水平进行提升，促进和谐课堂的构建。

## 二、创新中小学信息技术教育教学

### （一）积极探索中小学信息技术课程教学改革与创新

1．基于 STEAM 理念的中小学信息技术课程教学

STEAM 教育的原身是 STEM 教育，STEAM 教育是对 STEM 教育的继承与发展，更具前瞻性。STEAM 教育最早是由美国弗吉尼亚理工大学学者美国格雷特·亚克门（Georgette Yakman）教授提出的，在 STEM 基础上增加了艺术素养，形成了 STEAM 教育框架。它注重过程与实践，注重培养学生的综合能力。

（1）STEAM 教育的特点。

在 STEAM 教育中，五门紧密相连的学科能进行灵活地迁移，解决真实世界存在的问题与情境，融合后的 STEAM 教育具备跨学科、趣味性、体验性、情境性、协作性、设计性、艺术性、多维性和技术增强性等九大核心特征[①]。这九大核心特征体现了 STEAM 教育的新颖和优势。

STEAM 教育是一种新兴的教育领域。它的出现为中小学信息技术课程教学提供了活力，有其独特的优势。首先，STEAM 教育倡导跨学科教学，基于项目的学习，注重教学趣味性和知识重构。其次，STEAM 教育注重构建良好的学习环境，强调创设情境的重要性。创设游戏化的教学情境无疑会激发学生学习兴趣，从而更好地开展教学。再次，STEAM 教育倡导新的学习方式，强调数字化学习。通过学生在数字化环境中，利用数字资源和工具，进行数字化学习。最后，STEAM 教育注重主题教学和"STEAM+"课程教学评价。通过开展主题教学活动，促进知识融合，培养学生综合能力和创造性思维。在进行教学评价时，进行多元评价，从多方面检测学生是否达到学科培养目标。

（2）STEAM 教育对中小学信息技术课程教学的影响。

STEAM 教育虽然起源于美国，但其核心理念在国内也备受关注。STEAM 教育的跨学科性、设计性等理念刚好顺应了我国《普通高中信息技术课程标准（2017 年版）》注重培养学科核心素养的潮流。

---

① 余胜泉，胡翔．STEM 教育理念与跨学科整合模式[J]．开放教育研究，2015，21（4）：13-22．

首先，STEAM 教育注重创设数字化学习环境，提倡数字化学习。在中小学信息技术课程教学中，教育研究人员和一线教师积极探索 STEAM 教育，教学成果斐然。在基础教育领域，北京吴俊杰老师开发了"人工智能""Scratch 编程"课程；广州吴向东老师和武汉毛爱萍老师依托 Scratch 软件，开发了"儿童数字文化创作"课程。常州管雪沨老师研发并实施了"小学生趣味编程"课程；温州谢作如老师依托 Arduino、Scratch 软件开发"互动媒体技术"课程，并进行了教学尝试。这些课程的出现无疑为中小学信息技术课程教学提供了数字化资源和教学尝试，能更好地实现《信息技术课程标准》所规定的学科核心素养。

其次，STEAM 教育身在学科前沿，其提倡的项目学习和主题教学理念有利于实现中小学信息技术课程教学目标。《普通高中信息技术课程标准（2017 年版）》要求：课程吸纳学科领域的前沿成果，倡导基于项目的学习方式，鼓励学生在数字化环境中学习与实践。这些要求与 STEAM 教育的核心理念不谋而合。STEAM 教育注重技术性和设计性、学习超学科知识，倡导在教学过程中开展项目学习和主题教学活动，增强教学系统性和知识融合与迁移。因此，应用 STEAM 教育理念，可有效指导中小学信息技术课程教学。

最后，学习超学科知识和多元评价是未来信息技术课程学科教学发展的主要趋势。通过对国内中小学信息技术课程教学现状的分析，结合 STEAM 教育研究成果，不难发现众多研究者都忽视了 STEAM 教育的跨学科性。作为从事信息技术教育工作的一线教师，应不断学习超学科知识，深化专业素养与知识，勇于探索和尝试 STEAM 教育与信息技术课程融合的教学新模式。信息技术课程由于自身的局限性和特点，STEAM+课程教学评价体系是未来学科发展的趋势。多元评价有助于综合评价学生的各方面能力，更好地检测学科核心素养的实现情况。

（3）STEAM 教育理念指导下的中小学信息技术课程教学。

中小学信息技术课程教学存在多方面的问题，有课程自身方面的，有教师与学生方面的，问题的存在严重影响着学生信息素养的培养。而 STEAM 教育作为一种新兴的教育领域，涵盖了 K·12 阶段、大学及研究生阶段的教育，受到了社会各界研究人员及一线优秀教师的热切关注。STEAM 教育在跨学科、情境性以及协作性领域的影响颇大。因此我们应对信息技术课程教学具体问题具体分析，结合 STEAM 教育的核心理念，对症下药，采取合理的措施以优化教学。

① 以问题与案例为中心，发挥学生主观能动性，培养学生的创造性思维。

STEAM 教育倡导学生参与、项目学习，强调学生主动探索的精神。同时，STEAM 教育创造出了传统教学所不具备的教学主题，如自我实现、自我认同、自我表达、问题解决等这些与学生自身发展密切相关的主题。所以借鉴 STEAM 教育理念，在中小学信息技术课程的教学中，采取任务驱动式的教学，以问题与案例为导向，将有效提高课堂教学质量。

中小学生思维活跃，创造力与想象力发达，对自己喜欢的事或与自己切身相关的问题感兴趣。因而在实践教学过程中，教师应从学生的生活经验和知识背景出发，创设符合学生发展需要的且具一定挑战性的学习情境，将学习内容转化成有价值的问题和案例，引导学生积极参与到问题解决或案例学习的过程中，发挥 STEAM 教育情境性和设计性的教育理念，不断培养学生的信息素养和提升学生的创造力。如在学习使用画图软件时，教师可采用项目学习的方式，设计由"学生课前寻找自己心仪的房子""讨论交流如何用软件制作学生心仪房子""选择与设计最佳方案""成果展示"4 个相互独立而又密切联系的教学活动组成的主题课程，引导学生参与整个教学活动。

② 以超学科教育理念为指导，实施跨学科教学，引导学生的创新能力发展。

在 2017 年 2 月我国颁布的《义务教育小学科学课程标准》明确指出 STEM 教育是一种基于项目学习和问题解决为导向的课程组织方式，目的主要是通过科学、技术、工程与数学四门学科的有机融合来培养学生的创新意识和创新能力。由此可见，跨学科教学是值得走进我国基础教育教学当中，为实现学科核心素养提供了一种新的见解。在实践教学中，学习一门具体的学科知识固然可以使学生更好掌握该门课程的知识体系和逻辑结构，但是跨学科学习可以帮助学生建立并发展高阶思维能力，也可以帮助学生建立起各学科领域之间的联系。因此，学习超学科知识，进行跨学科教学是未来教师必须面临的挑战。STEAM 教育注重实践与过程，倡导超学科学习，培养学生协作、动手实践等各方面技能。

作为信息技术教师，应深刻认识到信息技术学科的前沿性和发展性，更新自己的教学观念，树立终身学习的意识，不断学习相关学科的知识，自觉探索重构基于 STEAM 教育理念的中小学课程体系，引导学生进行知识综合与创新。如在"3D 建模与打印口哨"案例中，涉及信息技术、音乐、科学、英语、美术等多个学科，教师通过实施项目驱动教学，让学生动手实践，最终促进了学生跨学科知识融合与创新。

③ 以趣味性与知识重构为导向，增强教学体验，促进知识建构与内化。

兴趣是学生的第一任教师。毋庸置疑，抓住学生的学习兴趣进行教学，实现的教学效果往往事半功倍。2011 年，韩国教育部发布了《搞活整合型人才教育（STEAM）方案》，该方案以构建"培养现代社会所需的具备科学技术素养的人才"平台为目的，着力培养中小学生的整合应用与科技创新能力，关注学生的感性体验，推进创意性设计过程的开展，称之为整合型人才教育。整合型人才教育在实践中探索出以主题为核心的学习、项目学习、以问题学习为主的学习等教学方式，提高学生的技术素养。而对照外国 STEAM 教育经验，我国则更注重建构游戏 STEAM 化教育，这是一种创造性的、科学的、具有实验性的游戏教育，注重培养学生的创造力、想象力和动手操作的能力，以此开展教学将会增加教学过程的趣味性和体验性。

在实践教学中，教师应该更新教育观念，注重教学趣味性，积极主动开展以学生为主体的教学。在信息技术课堂中，教师应正确看待学生的自身发展特点，挖掘信息技术的优越性，创设游戏化的教学情境，将枯燥、烦琐的编程过程转化为简单有趣的环节，将教学过程进行有意义地游戏化。如：在小学信息技术课程的教学中，教师应挖掘信息技术的前沿知识，进行建构游戏化 STEAM 教学。结合先进技术应用引导学生进行网上的虚拟积木游戏，动手实践，建构心中的创意物体，利用 3D 打印机进行创意表达，在过程中体验学习兴趣，积累信息技术的知识与技能。

④ 以个性化教育与主题教学为主导，开展多样性 STEAM 教学，照顾每一位学生。

中小学信息技术课程教学过程中，学生的学习差异主要在于学生的原有计算机水平。STEAM 教育关注所有的学生，包括不同能力水平、不同文化背景的学生。应充分发挥 STEAM 教育多样化和多维性的特点，开展多样性的 STEAM 教学，力求照顾每一位学生。在第四届全国中小学 STEAM 教育大会上，与会代表现场体验和参加了 3D 打印课程、机器人普及课程、机器人创新实验、电子创客课程、动漫创作课程、书法绘画美术创客和"互联网+"课堂的创新教育实践活动。这些成果能促进学生的全面发展。

在信息技术课程教学中，教师应针对不同学生的特点，发挥 STEAM 教育多样性的理念，对每一类学生开展不同的教学方式与授课内容，进行个性化教育和主题教学。如，在开展信息技术课堂教学活动时，应提前做好摸底工作，根据同类学生实施相同的个性化教学与主题教学，开展"学思维—学探究—学创新"三层级的多样化教学活动，以此弥补不同学生信息技术基础的差异。

⑤ 以数字化学习与创新为中心，建立教育学习资源平台，引导学生创意表达。

随着 STEAM 教育理念的逐步深入，许多学校都已开始探索 STEAM 理念指导下的人才培养与教学改革之路。STEAM 教育发展至今，在教育平台搭建、学习项目开展、应用领域拓展以及教育产品研发等方面都取得了斐然的业绩和成果，如由美国的明尼苏达大学（University of Minnesota）和麻省理工学院（Massachusetts Institute of Technology，简称 MIT）联合成立的 STEM 中心网站、我国上海的长周期实证研究基地项目（STEM+国际科学教育研究），以及随着 STEAM 教育发展而不断涌现出来的 STEAM 教育产品，均受到师生的欢迎[①]。鉴于信息技术学科本身的特点，在我国中小学信息技术课程的实际教学中，学生缺乏实践的机会，更重要的是教学中缺少专门展示学生技能的教育平台。

数字化学习与创新是指学生通过利用相应的数字化资源与工具，创造性地解决问题，形成创新作品的能力。在实施中小学信息技术课程教学时，应以数字化学习与创新为中心，运用 STEAM 教育的协作性与实践性的理念，创建 STEAM 专门教育的平台。其次，教师应以数字化学习为主要教学方式，发挥学生的主体地位，引导学生进行创意表达，结合先进的技术，如 3D 打印技术、物联网等，制作创意作品。目的是让学生玩中学，学中玩，实现寓教于乐。

⑥ 以多元评价和学生本位评价为主，建立 STEAM+课程教学评价体系，实现信息技术学科核心素养。

---

① 王娟，吴永和."互联网+"时代 STEAM 教育应用的反思与创新路径[J]. 远程教育杂志，2016（2）：90-97.

　　为避免单一的评价方式，信息技术教师应深刻认识到信息技术学科的特殊性，结合信息技术学科的特点，探究新的评价方式。STEAM+课程教学评价体系是一个复杂的、多方位的评价体系，可依据其任务或案例制定评价量规，从学生操作过程、解答问题口头表达、故障与问题分析、实验资源管理等方面可以对学生进行多元评价，使学习效果数字化。建立 STEAM+课程教学评价体系的目的就是更好实现学科培养目标，更好地评价学生。信息技术学科的培养目标就是实现学科核心素养，主要包括信息意识、数字化学习与创新、计算思维和信息社会责任等四方面。

　　在中小学信息技术课堂教学中，以任务或案例的形式驱动教学，运用第三方评价工具使学生的操作过程量化，用学习记录仪记录学生的学习轨迹，从科学素养、技术素养、工程素养、艺术素养和数学素养等诸方面评价学生，注重学科核心素养和计算思维的培养。如，在信息技术教学评价时，可以从学生的语言表达、技能操作、创意性、作品展示等多方面评价学生是否达到学科核心素养不同层级的要求。

　　综上所述，STEAM 教育理念在中小学信息技术课程教学中起到了很好的指导作用。随着 STEAM 课程和教学的逐步开展，可以激发学生的学习兴趣，培养学生良好的学习方式和思维方式。作为信息技术的研究人员要勇于探索和创新，将 STEAM 教育理念与中小学信息技术课程相结合，为一线的信息技术教师提供新的教学尝试，共同优化信息技术课程的教学，完善信息技术课程的教学策略体系。作为信息技术的一线教师，应加强与高校信息技术研究人员的联系，勇于尝试在 STEAM 教育理念指导下中小学信息技术课程的教学策略，将 STEAM 教育理念广泛应用于教育教学中，共同提高教学质量，优化教学效果。

### 2．基于微课的小学信息技术课程教学

　　信息时代，如何快速、有效地利用现代信息技术进行学习、工作，已经成为当代人们生活、工作必不可少的生存技能，也成为社会考核人才的一种手段。为了满足社会对人才信息技术能力的新的需求，以培养学习者信息素养的信息技术课程得到了各界的广泛关注。研究表明，在小学信息技术课程教学中引入微课，不仅使得小学信息技术课程的教学

模式得到了发展，同时也为小学生提供了一个进行自主学习以及探究学习的平台。

国内知名学者胡铁生老师指出："微课又名微型课程，是指以微型教学视频为主要载体，教师针对某个学科知识点、重难点、疑难点或教学环节，比如主题活动或者学习任务设计开发的一种情境化、支撑多种学习方式的在线视频网络课程。"①

（1）运用微课进行小学信息技术课程教学的必要性。

① 运用微课进行教学符合小学生的学习特点。

研究发现小学生知识技能的习得，往往借助观察力、注意力、记忆力三个方面来完成。小学生由于其认知发展水平比较低，心理发展的不成熟，小学生好奇心强、好动、喜欢比较有趣味的声音、图画。在观察方面，小学生更加容易关注事物的主体部分，忽视细节部分，更加关注事物突出的部分，忽视对比不明显的部分，更加关注表面现象，忽视内在实质。在注意力方面，小学生的注意力不稳定，容易分散，注意力只集中在具体的、生动形象的、趣味性强的、新奇的内容上，并对这些内容抱有极大兴趣。在记忆方面，小学生对具体的操作的记忆远远强于对概念等内容的记忆。微课一般只有 5 ~ 10 分钟，是以微视频为载体，集声音、动画、文字等为一体，内容具体，有很强的目标性以及趣味性，符合小学生的学习特点。

② 运用微课进行教学有助于小学生养成自主学习的习惯。

现阶段，由于小学生的信息能力存在严重的两极分化情形，一些学生提前完成了学习任务，在剩下的时间中要么无所事事，要么在做与学习无关的事情，而那些在学习上有困难的学生，要么等待教师的帮助，要么消极怠工，自我放弃。微课可以帮助小学生在信息技术课程中实现更好地自主学习。一方面，微课中微视频的多媒体特性，能够刺激学生的多重感官，吸引学生的注意力于学习上，从而激起学生的自主学习兴趣。另一方面，学生利用视频进行学习是一个自觉、主动的过程，学生自由把握视频播放节奏，针对学习的模糊区域进行反复琢磨，反复思考，解决问题，避免了一些学生在等待教师帮助过程中产生的消极情绪。在观看视频学习过程中，每一个问题的提出、分析、解决大多依赖于学生

_____

① 郭晓燕. 微视频在小学信息技术教学中的应用研究[D]. 天津：天津师范大学，2015.

本身，大大有利于小学生养成自主学习的习惯。

③ 运用微课进行教学有利于个性化教学的开展。

由于家庭环境和地区的差异，学生的信息素养参差不齐，有的学生从小就接触计算机，对计算机了解较多，动手能力比较强，对老师上课内容了解较快，上手迅速；而另一部分学生很少接触计算机，对计算机了解相对较少，动手能力相对弱，上课内容理解起来比较吃力。这就导致在小学信息技术课堂上，老师在讲解某个知识点或者某个操作技能时，有些学生能够快速理解掌握完成学习任务，而有些学生理解迟缓，容易犯错。将微课应用于信息技术教学，有助于实现个性化教学。一方面，小学生可以利用课前或者课后时间在微课资源库中根据自己的实际情况选择适合自己的课程进行自主学习，查漏补缺。另一方面，小学生可以在课堂练习中根据自己实践操作中出现的问题，反复观摩教师所提供的微课资料进行纠错、改进，更好地完成学习任务。在这一过程中，小学生利用微课自主的解决学习问题，促进了个性化教学的开展。

④ 运用微课进行教学有助于减少教师课堂教学的重复性劳动。

现阶段，在很多小学学校中，由于信息技术教师的紧缺，一个教师往往负责多个年级，不同班级的信息技术课程，教师会对同样的课程，同样的知识点，同样的话术在其他班级进行多次重复。由于学生的个体差异性，在操作练习中，教师需要对每一个学生的问题进行单独的指导，这也就加重了教师的重复性劳动。像上述这种重复性、机械性比较强的讲解以及操作，会让不少教师觉得疲累、枯燥。微课教学是以微视频为载体，其具备很强的共享性和操作性，一方面教师可边播放视频边讲解，也可将视频下发给学生，供小学生自主学习。对于学生没听明白的地方，教师只需要将视频后退再讲解或者让学生观摩视频，自己解决问题。教师还可以根据不同班级的不同知识点制作相应的微课视频，同一个微课视频可以在不同班级同一节课中使用，或者教师可以制作小学信息技术课微课资源库与其他小学信息技术教师进行资源共享，为小学信息技术教学的发展做贡献。而学生则可以根据自己的实际学习情况，在课外利用微课进行自主学习，在课堂中利用教师提供的微视频等学习资源查漏补缺，更多的自主解决学习中出现的问题。这样一来，可以减少教师课堂教学中的重复性劳动。

（2）基于微课的小学信息技术课程教学的建议。

微课是以视频为载体，集文字、图画、音乐等为一体，具有化抽象为具体的特点，这一特点能够帮助教师将教材中抽象的内容具体化，学生不易理解的知识具体化，使其更加通俗易懂，使学生更加容易理解。微课也是一种微型课程，学生可自主地利用其进行查漏补缺，有利于教学中因材施教。微课的多媒体特性能够有效提高小学生的学习兴趣等，拉近了教学与新课标之间的差距。

① 基于微课的小学信息技术课程教学模式的多样化，促进课程教学效果的提高。

基于微课的小学信息技术课程教学模式多种多样，其分类方式也有多种。

一类是依托微课的课外自主学习，指学生在业余时间利用微课资源，根据自己的实际学习水平和学习进度自主地选择适合自己的微课进行信息技术课程的学习和实践，一般用于课外学习和课前预习。这种学习模式几乎完全依赖于中小学生的自觉性和主动性，对于中小学生的自主学习兴趣、自主学习意识、自主学习习惯的养成，具有很强的促进作用。在中小学生自主学习过程中，其主观能动性可以得到良好的发挥。在中小学生的课外自主学习过程中，他们拥有在课堂学习中所没有的自由，他们可以自由的想象不受约束，他们可以用自己喜欢的方法去学习，不受教师的过多干预，他们可以做自己想做但课堂不能做的事。比如说，在学习画图软件时，为学生提供一张色彩分明的小屋图片模板，要求学生利用颜料盒为自己利用画板画出的小屋涂上颜色。在运用微课进行自主学习中，学生可以找到多种微课资源，学习多种事物的绘画方法并按照自己的喜好，对自己所画的事物进行涂色。这样做拓宽了学习范围、培养了中小学生的创造力。这种学习模式的开展，需要教师向中小学生提供有关小学信息技术课程的微课学习网站，或者教师向中小学生下发自己已有的小学信息技术微课资源库的微课视频。当微课用于中小学生课外信息技术学习时，一般用于中小学生对旧知识进行巩固、查漏补缺或者对新知识预习。当微课用于中小学生课前预习时，教师可以根据相关教学内容，要求学生完成一定的任务。比如说让中小学生写一篇学习心得等。

另一类是"传统教学+微课辅助"式教学，是将微课视作一种教学资源嵌入到传统教学的某个环节中去。例如在导入、新授、练习的环节中引入相应的微课资源，通过教师边播放边讲解或者学生自主播放的方式来完成某一个教学任务。在以这种方式进行教学时，教师与学生交互较多，教师能够灵活的针对教学中出现的问题对教学进行调整，这是一种将传统教学与微课程结合在一起的新型教学模式。在这种教学模式中，微课更多的应用于抽象知识的讲解以及操作性技能的讲解，有效地将教师从机械的重复性工作中解救了出来，大大降低了教师的课堂教学负担。将微课引入到练习环节中去，能够有效提高学生的练习速率，帮助中小学生养成发现问题、分析问题、解决问题的思维习惯。

② 重视有关小学信息技术课程的微课的设计与应用，促进教学效果。

在小学信息技术课程教学中最大化的发挥微课的优势，首先要做的便是合理选择或者制作优质的微课，其次是将微课合理的应用到小学信息技术课程教学中。谈到制作微课，首先便是设计微课，有了设计才能谈制作与应用。下文从微课的设计和应用来谈微课在小学信息技术课程中的应用。

一方面，设计开发信息技术课程的优质微课应以学科培养目标为课程目标，以学科实际教学内容为课程内容，利用现代教育技术手段，设计、开发满足学生需求的具有信息技术学科性质的优质微课。在微课设计过程中，教师应当充分了解小学生现有学习水平以及学习准备情况、了解小学生的学习风格，充分考虑小学生的实际需要，做到因材施教，因需设计。考虑微课所需知识点或教学内容的性质，了解教学内容的难易程度和媒体表现形式以及人机互动形式，将课程教学内容进行合理划分并进行适度的分解，选取最适当的媒体类型和教学活动。

另一方面，要将微课合理地运用到课程教学活动中，充分发挥微课的优势。首先要注意的是微课与传统教学模式是相辅相成的，微课视频不能代替课堂教学中教师的作用。在学科课程的教授中，教师不仅要进行知识的传授，而且要做好学生的思想、道德教育。微视频是死板的东西，不能与学生发生情感上、意识形态上的交流。如果在教学中教师只是一味地向学生播放视频，而不进行知识内容的讲解等，那就失去了教师存在的意义。其次，微课的种类很多，并不是所有与信息技术课程有关的微课都能被用到教学中去，教师在网上筛选微课时，必须注意微课内容与学科教学内容是否一致，微课类型是否适合自己的教学设计，将微课用到自己的教学设计中是否合理有效。只有所选微课与自己的教学设计相一致，能够对教学起到积极的作用，才能发挥微课在教学中的优势，才能更好促进课程教学效果和提高教学效率。

　　3．"互联网+"背景下的信息技术教学

　　（1）"互联网+教育"背景下信息技术教学面临的挑战。

　　"互联网+教育"比传统教育多了一部移动终端和一个教育专用网。全面实施以后的教学活动都将会通过互联网进行，教师通过网络把教学内容和教学资源发布到互联网上，学生根据自己的需求在计算机上学习，使教育变得更加方便和高效，充分体现了以学生为主体的教育理念。"互联网+教育"背景下的信息技术教学面临更严峻的挑战。

　　① 教学理念向教师主导、学生主体转变。

　　实现互联网"线上+线下"的混合式教学，教师在线把教学资源发布到网上，学生自主选择需要的资源学习，这种教师主导、学生主体的混合式教学理念将成为"互联网+教育"下的主流教学理念。

　　② 教学的重要目的是教会学生如何合理使用互联网促进学习。

　　网络是把双刃剑，教师在教授学生知识的同时一定要强调互联网的利与弊，合理使用互联网必然会促进学生的学习。

　　③ 技术与教学相适应，真正发挥"互联网+"的价值。

　　如果不能在教学中正确使用网络，便会适得其反。所以，如何创造舒适有效的教学环境，并将互联网与教育环境相适应，是当前存在且务必解决的问题。

　　④ 信息技术应用于教学成为常态，信息技术教学不能流于传统模式。

　　作为新时代的信息技术教师，应该树立终身学习的理念，不断提升信息化环境下的教学技能，掌握并将信息化教学模式和资源有效应用于教学，才能更好地满足学生的需求。

　　（2）"互联网+"背景下的信息技术教学。

　　① 发挥"互联网+"开放思维，提升学生信息意识。

　　在"互联网+教育"的社会新形势下，要提高学生的信息意识，发挥"互联网+"开放思维，定期开展思想教育讲座，让学生参与其中，学校应该在每个机房安装监控器，把责任分配到个人，让老师实时监督学生学习，从本质上培养学生良好的学习习惯和端正学生学习态度，让学生重视信息技术，提高信息素养。

②发挥"互联网+"平台和资源优势，激发学生学习积极性。

对于信息技术教学，教师应该思考如何提升学生的实践能力。比如，将机房的电脑排成几个大圆的形状，尽可能多使用互联网教学，将自己的教学课件、教学资源与学生共享，以自己操作的计算机为中心，实时掌握学生的学习情况。另外，教学中应根据学生信息基础水平给学生布置不同的任务，让学生分小组讨论问题汇报结果。这样，学生没有老师的帮助，还可以在小组内互相学习，既锻炼了学生的沟通能力，也调动了学生的主动性。

③合理分配教学设备，鼓励学生成立帮扶小组。

随着互联网的普及，计算机硬件水平无疑是信息技术教学的基础。政府和学校应重视信息技术教育，合理分配教学设备，优化机房环境，让每一位学习者都能使用计算机学到最新、最有价值的信息技术知识，感受信息化时代的方便和快捷。此外，由于贫富差距导致学生基础有明显的差异性。学校领导应该组织信息技术教师和计算机技能较高的学生成立多个帮扶小组，每周定时定量为基础差的学生辅导，既有利于教师后续教学工作的开展，也有利于学生同步前进，增强学生自信心。

④巧用课外时间，重视"互联网+"支持下的实践合作，提高学生应用能力。

信息技术课程课时有限，除了每周两节课的教学时间外，教师还应该合理巧用课外活动或社团等方式，让学生在学习之余也能接触信息技术。比如，每周周内安排两天时间，学生可以利用自己的空余时间，在机房预习或者巩固本周学习的内容。另外，教师还可以在每次上完信息技术课后，给学生布置作业，让学生在课下动手实践，提高学生自主探究能力的同时也让学生更进一步了解信息技术。

## （二）充分发挥创客教育对中小学信息技术教育的创新引领作用

随着时代的发展，教育形式也变得多种多样。传统教育是以教师、课堂、教材为中心，创客教育则是对基于标准化考试的传统教育理念的转型，它代表着一种现代教育哲学，与以往结果不同，其更注重学习的过程。创客教育不是在桌椅整齐的教室上课，而是以工程试验中心、实验室等修炼场为主要学习空间，以项目为实践主体，做中学，学中做，鼓励孩子们创造能够应用于真实生活、解决实际问题的产品或模型。木板、锉刀、画笔、电路板、芯片、3D打印机、机器人以及各种新颖时尚的教育科技产品，才是创客中学生的"课本"。创客教育是由创客精神演发而来的。创客教育的关键就是要把创客精神融合到现在的教育项目中，对于社会上的人来讲，创客空间是创客们制作、交流、共享知识和资源，以及项目协作的场所，但是对于学校的学生们来讲，这就是他们的一个课程实施的环境，教师们可以把课堂变成一个充满活力的创客空间，鼓励学生们自主的创造任何物品，分享他们的创意想法。

### 1．创客教育的定义

就目前我国对创客教育的研究，以及对于创客教育给出的定义也是众说纷纭。每个人都有着对创客教育的理解，和自己给出的定义。如杨现民等人认为，"创客教育是一种融合信息技术，秉承'开放创新、探究体验'教育理念，以'创造中学'为主要学习方式和培养各类创新型人才为目的的新型教育模式"[①]；在"青少年创客说"中认为"创客教育是在创客空间中开展的以培养青少年创客为目标的一种教育形式，创客空间就是创客（Maker）创作活动的地方，而创客就是热衷于创意、设计、制造的个人或群体"[②]；而深圳柴火创客空间则引用了祝智庭教授的概念，"创客教育是以信息技术的整合应用为基础，传承了体验教育、项目学习法、创新教育、DIY理念的思想"。

创客教育的定义到底应该如何解读？笔者认为，创客教育并不是单一学科的教育，而是一种教育整合的思想，一种能够创新，能够让学生们真正体验"在学中做，在做中学"的教育模式。创客教育是由创客延续而来的，创客说的是一种类型的人，可是创客教育却不能这样解读，这样也就更能体现出创客教育是一种精神、一种模式。

---

① 杨现民，李冀虹．创客教育的价值潜能及争议[J]．现代远程教育研究，2015（2）：23-34．

② 钟柏昌．学校创客空间如何从理想走进现实[J]．电化教育研究，2015（6）：73-79．

## 2. 创客教育的本质

创客教育不是额外的教育，也不是额外的课程，而是对于知识的深化和创造。创客教育注重知识教育的目的、内容结构和教师角色的调整，不仅是技术问题，而是教育思想的改变、非附加的创客教育的课程。创客教育强调人类的地位和价值，并致力于将学生从知识的奴隶转变为知识的主人。应该注重培养具有知识、情感、意义和个性的人，在知识的应用中深化和内化知识，更加注重知识的创造。创客教育不是一个小发明、一个小产品，而是意识与习惯。创客教育的目的是培养学生的创新精神实践。创新的多样性决定了教育的丰富性，所以它不仅仅是一个小发明、小产品。也就是说，创新包括积极进取的精神，不断发现，大胆创新，敢于挑战，努力探索，善于思考，注重合作；创新能力也可以体现为敏锐的感知，仔细观察，持续的关注，快速记忆的想象力，善于总结，善于表达，而这些精神和能力远非小型机器人能够达到的。

在笔者看来，创客教育的本质就是一种延续传统教育，但又不同于传统教育的新型教育理念，创客教育是由创客运动源来的，而创客运动就是一群具有创新精神的创客在创客空间所做的有创新思维的创造。那么也可以把创客教育的本质理解为"是为了培养具有创客精神和创客素养的创客者，而其所做的就是通过实践和创造新知识和技能的情况下更好地掌握知识的方法"。

## 3. 中小学开展创客教育的必要性

首先，开展创客教育满足社会发展对创新应用型人才的需求。"互联网+"环境下 3D 打印、人工智能等新型行业的迅速崛起，对具有高技术含量人才的缺口越来越大。"互联网+"是一种创新驱动发展的方式，它与教育的全面融合，成为人类表达自身智慧的重要内容①。所以，从中小学开始通过创客教育开展知识创新实践应用的启蒙，是社会发展大环境对人才需求的硬性要求。

其次，"互联网+"背景下基础教育变革的需求。"互联网+"在与教育结合的过程中，秉持互联网思维和开放共享精神，运用互联网带来的技术

---

① 王娟，吴永和."互联网+"时代 STEAM 教育应用的反思与创新路径[J]. 远程教育杂志，2016，35（02）：90-97.

变革重塑教育，用全新的理念和方法来达到"传道、授业、解惑"的目的[①]；从中小学开始开展创客教育活动，使用"互联网+"背景下的技术设备开展各种教与学的活动，变革基础教育模式，推动基础教育的创新发展。

再次，中小学生建构知识和全面发展的需求。中小学生正处于学习知识的阶段，对知识的学习没有形成思维定式，具有创新思维开发与创新能力培养的潜能。创客教育是一种以创新体验为根本，以实践项目为载体，以合作为基础，融合 DIY 思想于一体的新型教育模式，鼓励学生主动在科学研究、实践探索中参与学习，进而培养学生发现问题、解决问题的能力。应从中小学开始开展创客教育，帮助学生成为具有一定的创新意识、创新思维和创新能力的人。

最后，中小学开展创客教育是提升学生核心素养的迫切需求和有效途径。创客教育提倡让学生在做中学，学生自己设计自己制作，学生是实践主体，可见，"互联网+"背景下的创客教育是提升学生核心素养的有效途径，中小学生在利用"互联网+"开展创客实践中得到更多自主发展和社会参与，从而使其科学精神、自由合作学习能力、责任担当意识、实践创新能力等得到全面提升。

4. 汉中市中小学创客教育的实施对策

无论是在任何教育或学习中，教师的地位不可能被替代。而在创客教育中，教师的主导性作用地位得到了最好的解释。在创客教育中来看教师，教师应该是学生学习的引导者而非掌控者，是学生学习动力的激励者而不是阻挡者，是使学生处于学习中的参与者而不是旁观者。如果做个比喻，教师应该是创客教育中的巫师和剑客类的精灵——分别是隐喻的创造者、设计者和实施者的实现者。总而言之，教师是维护教育活力和可持续性的一个关键因素。在实施教育的过程中，学生的全部活动都是关于创新、创造和解决问题的。他们通过灵感、设计、过程设计和最终的产品创造来捕捉这一创造的满足感和幸福感。对教师来说，激发学生创造力的成就感和满足感也是至关重要的。因此，在教育方面的创客教师，首先必须是一个有创造力的、有冒险精神的人，通过他的批判性思维和想象力来激励和引导学生进行创作。对那些不理解的教师来说，

---

① 陈浩."互联网+教育"内涵及其与传统教育融合探究[J]. 陕西学前师范学院学报，2016（11）：8-13.

更重要的是提高他们对这一领域的理解。正如马特兹所言，基于各种各样的变化和创造一个创客教育使学生对知识的理解变得更加完整，而教师是促成这一变化的关键。

（1）渗入"互联网+"意识，强化中小学对创客教育的重视。

在中小学实施创客教育，最直接的方式是学校倡导、教师先行，依托教育部门或电化教育馆的政策引领，强化教育部门领导、校领导以及教师对中小学创客教育和"互联网+"基础教育改革的认识以及重视，加强教师对于创客教育的认识以及理解，在学生学习部分和学校的具体情况，建立和设置相应的课程，形成集课程、设计活动等为一体的整合教学资源，加快组织与实施，充分发挥互联网信息共享的优势，利用好互联网、智慧校园等平台对创客教育的支撑作用，拓宽见识，开放思想，创新创客教育的思路与方式，从而更好地形成典范与加快推广。

（2）激发中小学教师的创客热情。

创客教育在中小学开展，还有一个不可或缺的因素是学生们的参与。创客教育还需要良好的创客空间，以及硬件和软件，包括 3D 印刷、各种各样的工具和材料为基础，这些创客空间和工具和材料，为学习者创造奠定了坚实的基础。但任何学习都需要的是学习者的主观能动力。而如何让学生最快速有效的接受和认同创客教育这样的培训模式，最直接的方式就是先让教育者有创客的激情，有创新的思维，有不同于传统教育的教学模式。只有传教者一直保持一种学习与创造的激情，这样才能够真正地感染受教育者。在这样一个崭新的教育下，教师通过自己来向学生传输创客教育，来让学生体会在创客教育下他们自己的改变。

（3）加强中小学生创新意识和能力的培养。

我国实施的创客教育主要是以培养中小学生的创新能力与创新意识为主要目的。创客教育在中小学开展，也应坚持现有的课程体系以信息技术课程和科学、技术、工程、艺术和数学为基础，特别是基于可视化编程工具，如机器人教学、基于合作学习和项目的调查，结合当前网络技术，基于解决实际问题和真实问题，在合作探究和解决问题的过程中鼓励学生探索和创造。鼓励孩子们用自己的想法和思想去完成，拓展他们的思维，培养他们的创新能力，让他们在这个过程中很有成就感，有助于独立思考和创新精神的形成。展望未来，在我们国家，将会有更多的学校积极加入创客教育，越来越多的校园将会出现创客空间。

（4）增强中小学生的课堂动手能力。

创客教育，提倡做中学、玩中学，但仍应以课程为载体，在整合学科知识，培养学生的想象力、创造力、科学设计和解决问题的能力的教学活动中，应该有一个符合学校实际情况和学生的学习情况的校本教材。通过温州中学选修课程对学生进行一次 3D 打印技术开放，利用手机编程和传感器技术来创造机器人的教育课程。当"创客精英"，学校也"高端定制"的设计。课程的建设自建，学校教师也可以建造领域，它需要时间和实践检验，不断修改完善，形成一个演示的创客教育的课程。

创客教育的发展，不仅促进了教育结构和理论的更新，更重要的是促进教育思维方式的转变以及教学方式、课程体系的转型。创客教育有强大的优势，也存在很多问题，我们应不断思考教育的改进策略，以防止创客教育流于形式，并让创造性思维和实践能力的培训在中小学生中发挥积极的促进作用。创客教育效果的好或坏，不是由先进的技术或设备豪华与否可以决定，而是取决于包含创新、实践、分享精神和哲学的教育。所以即使没有先进的工具也不影响完成高质量的教育，更重要的是，当前教育资源越来越丰富，互联网技术使得资源共享成为可能。从本质上看，教育是一种教育体系，教育的目的是培养具有创新精神和创新素质的人。教育内容是通过实践掌握知识和技能，同时创新和激活知识和技能，使"认知、情感、意义"相结合，"学、思、动、用、创"相统一；教育方法灵活多变，需要灵活地按照教学情况而定。教育理念是创新、实践、合作、共享，将创客教育理念的先进植根于实践活动，创客教育可以揭示知识的概念。

## （三）加快推进中小学机器人教育发展

在教育信息化 2.0 时代的大背景下，我国基础教育的信息化程度越来越高，社会中各行各业的人士正在被机器人教育所吸引。机器人教育主要通过各种各样的科学探究活动，使学习者学习并掌握机器人的相关知识，提高学习者的实践动手能力，进而提升学生的创新思维、探究发现和综合实践技能，中小学机器人教育对于推动学生的全面发展具有重要意义。

1．中小学开展机器人教育的必要性

（1）信息技术课程改革的需求。

通过进行机器人竞赛和控制机器人完成各种各样的任务，使学生的实践能力，与他人合作能力和创新能力在组装、搭建机器人的过程中得到锻炼。在机器人教育过程中教师充分发挥其主导作用，给予学生专业的指导，学生依托其主体地位，积极参与其中，锻炼自己，提升自己各方面的能力，这也是新课程改革的目标。

（2）学生全面发展的内在需求。

中小学阶段的学生对事物的认知比较具体和直观，学生思维具有可逆性和灵活性，对新生事物的接受能力比较强。中小学学生正处于学习知识的阶段，对知识的理解相对比较简单，思维模式没有被固化，可以进行思维和能力的基础性开发。机器人教育融合了多门基础学科知识，结合信息技术课堂和机器人教育活动，会极大地推动中小学生的全面发展。中小学生通过参与机器人教育，一方面可以知晓机器人的起源、发展过程和未来的发展趋势，也可以通过动手实践，了解机器人的工作方式，学会使用机器人的基础功能；另一方面，经过学习，还可以掌握机器人工作的原理，在教师的指导下编写程序控制机器人进行简单的运动，完成简单的任务。使学生具备自主分析问题、解决问题的方法和技能。在中小学进行机器人教育，能够对其进行知识和能力层面的不断补充，促进其自身需求的内在发展。

（3）教育信息化 2.0 时代信息技术教育的变革需求。

查阅相关文献显示，美国、日本等发达国家相当重视机器人教育对信息化时代的推进作用，并且在信息技术课堂与课外科技活动都开设了机器人相关的课程和实践活动。现阶段我国的教育信息化程度仍与国际教育信息化存在差距，因此开展、普及机器人教育已势不容缓。教育信息化 2.0 时代已经来临，我国应该抓住这个机遇，提升机器人教育水平。《新一代人工智能发展规划》指出，把高端人才队伍建设作为人工智能发展的重中之重，坚持培养和引进相结合，完善人工智能教育体系，加强人才储备，实施梯队建设，在中小学阶段设置人工智能相关课程。智能时代的到来给教育带来更多挑战与机遇，而机器人教育正是教育变革的一种具体体现。机器人教育作为发展人工智能的重要载体，在中小学搭建机器人教育系统的基础上，嵌入编程教育，成为培养智能时代高科技人才的重要手段。

2．推进汉中市中小学机器人教育的对策

在教育信息化 2.0 的时代背景下，随着机器人技术的日趋提升，开展机器人教育对于学生的动手能力和创新能力都有了更高的要求，开展机器人教育可以以一种新兴的教育模式，为学生开阔视野和激发学习动力提供一种新的思路和方法。学生参与机器人教育活动可以极大地促进自身的创新能力、实践动手能力、自主学习能力、团结合作精神等的形成。然而通过调研可以发现，目前汉中市中小学机器人教育活动的举办情况整体良好，对于学生的全面发展有不同程度的提高。当然，也还存在着不少的问题，例如经费不足，开展机器人教育相关活动的师资力量不够，资源建设和教学体系不够健全等；一些如家长不支持、学校领导不够重视等其他情况也有显现。针对目前已经存在的这些情况和问题，经过查阅相关的文献资料和进行相关的访谈考察，本文针对课程资源、师资队伍、设备条件和教育模式四个方面存在的问题提出以下相应的对策。

（1）依据中小学课程标准的要求，积极开设机器人教育相关课程。

目前汉中市机器人教育方面相关课程的开展，以及所使用的教材、资料、器材等都没有一个统一的标准，也没有形成统一、科学、合理的课堂模式，这对于机器人教育在中小学的实施和发展都是不利的，需要相关研究人员在对于机器人教育理论知识层面加大科研力度，为机器人教育在中小学的开设提供理论依据。通过建设机器人校本课程，一方面可以使学校、教师、学生对于机器人教育的重视程度提高，进而以极大的积极性参与到其中，有利于机器人教育在中小学的实施；另一方面，以校本课程的形式进行机器人教育活动，能改变学生家长对于学生教育的传统观念；与此同时，加上学校对于机器人教育的宣传，家长也会支持学生参与其中，有了学校的重视和家长的支持，汉中市中小学机器人教育定会得到极大的推动和发展。通过开设校本课程，扩充课程资源，可以促进机器人教育知识体系的完善，更好地规范机器人教育制度。另外，学校与学校之间，也可以加强沟通、交流，分享经验，共享教学资源，能极大推动机器人教育在汉中市的推广与发展。

（2）与信息技术学科融合，联结相关行业的力量，加强师资队伍的建设。

高素养的教师队伍是保证机器人教育顺利开展的强大动力和保障，加强创新型师资队伍的建设是非常必要的。针对目前汉中市中小学机器人教育中专业教师的缺乏和指导教师的专业程度不足的情况，各学校可以采取以下两个措施：一方面，在一个学校资金、资源不充足的情况下，可以依靠地区，整合多个学校的教育教学资源和资金，引进相关企业和培训机构人员进学校对学生进行定期、专业的教育，同时积极引进具有专业素养的机器人教育培训师对各个学习机器人教育教师进行专业、科学、有效的集中培训；另一方面，学校在有了受过专业培训的教师之后，可以加强对于专业机器人教育的教师的应用。而信息技术课程机器人教育部分的内容涉及一定的机械装置、电子电路、传感器、程序设计知识等，目前在没有专业机器人师资的情况下，信息技术教师或成为重要的支撑力量。信息技术专业方向的教师本身具有一定的学科知识，再加上一定量的机器人教育培训，便很快能承担机器人教育任务。

另外，在对汉中市电化教育馆馆长进行访谈后了解到，电化教育馆也一直联合汉中市教育局、各区县教育体育局，结合各方面的力量，给各中小学的机器人教师提供经验交流的平台。有了平台，各位机器人教师就可以积极参与其中，共享经验，分享自己的心得，共同建设汉中市中小学机器人教育。

（3）注重开发中小学机器人教育课程，优化机器人教育条件。

机器人教育是一门具有一定动手实践能力的课程。对提高中小学学生的动手积极性具有重要意义，并且对于学生实践能力的培养也起到了比较重要的作用。因此，硬件设备就显得极为重要了，硬件条件比较良好、资金比较充足的学校，可以多与其他硬件条件尚有欠缺的学校共享其硬件设施资源，最大限度地使用开源硬件和软件进行教学。最常见的 Arduino 是意大利一个教学开源硬件，其优点在于它的技术资料完全公开，模块功能丰富，使用者众多。

另外，在中小学课程中专门的机器人课程很少，中小学校领导应该加强思考教育信息化时代背景下新的教育培养理念和方法，更新教育观念，对于机器人教育在中小学的推行、发展给予有力的支持，不可唯"技术论"，要符合学生身心发展规律，培养学生的核心素养。其次，相关部门应该通过相应的举措，如推动地区之间的沟通交流、人才交流等措施来引进虚拟仿真软件在机器人教育中的应用，以解决部分中小学存在的硬件设备不足问题；相关部门也可发挥自身优势，给予一定的政策支持，吸引社会上的企业支持，比如机器人设备制造公司，通过比赛也可以推广其产品，这是一个互利共赢的合作。最后，教育相关部门或中小学校可以组织相关专家和教师进行区域或校本课程的开发。在进行机器人教育课程开发时，应注重机器人教育课程的适应性，要符合中小学生学习的特点。

（4）依托政策支持加强先进经验交流，促进机器人教育模式多样化。

对于机器人教育在中小学开展的模式也需要创新和发展，要逐步开展机器人教育在课堂的应用，而不只是仅仅以"竞赛""比赛"的形式存在。建议学校可以开展将机器人教育纳入校本课程的相关工作，让更多的学生拥有参与机器人教育活动的机会，进而实现机器人教育面向全体学生，实现机器人教育的普及化。所以中小学应该在现有的基础上利用一切可以组织的力量，按照教育信息化时代的要求，根据信息化时代2.0的需求，对中小学机器人教育方面的相关课程进行研究、创设，进而实现机器人教育在课堂上的应用。另外，在《普通高中信息技术课程标准（2017）》中增加了选择性必修科目《人工智能初步》，也体现出国家对于机器人教育的重视和时代新的要求，因此各中小学要抓住机会，可以向发达地区或者开展机器人教育状况较好的地区加强交流、学习，再根据本地区的实际，应用到当地机器人教育上，达到机器人教育模式多样化之目的。

（5）构建中小学机器人教育评价激励体制，促进中小学机器人教育健康发展。

在教育信息化时代的今天，汉中市虽然处于欠发达的西部地区，但是机器人教育的起步相对较早，但受到地理位置因素的影响，导致汉中市中小学机器人教育在发展进程中存在着各种各样的问题。即便如此，汉中市中小学机器人教育的发展仍然取得了一定的成果。科学合理的中小学机器人教育评价激励体制能够有效保障中小学机器人教育健康持续地推进，同时也能够吸引和激励广大的教师、学生积极参与到机器人教育教学活动中，积极探索科学有效的教育方法，以保障机器人教育的质量。

# 三、培养学生的信息素养

## （一）中小学生核心素养培养

### 1. 核心素养的内涵

当前，国内外有四大知名的核心素养框架教育理念，依次是经济参与组织框架、美国文化以及独特的教育观念框架、欧盟核心素养框架以及全世界文化交汇下共同目标的发展框架。因为世界上不同的国家有不同的文化、认知概念、价值观以及人生观，所以造就了对核心素养教育理念都有着不同的体会和认识，但也有达成共识之处：一是他们共同倡导核心素养的协作、交往、信息技术素养，公民素养，社会和文化技能素养[1]；二是倡导在思维上的问题处理、思维逻辑变通、批判性思维、创新创造意识等，这些素养都是新时代发展对人才的基本要求。然而，从我国核心素养的发展进程中，我们知道在我国核心素养教育有两个层次的指标，每个第一级指标包括两个次要指标。第一指标是文化基础素养、自主发展和社会参与。文化基础包括人文底蕴和科学精神；自主发展包括身心健康和学会学习[2]；社会参与包括社会责任和实践创新[3]。这也是我国核心素养的重要内涵。总而言之，发展中小学生核心素养是当代教育的重中之重，是学校教育必不可少的一部分。

### 2. 中小学生核心素养培养应遵循的原则

追随着全球化的飞速发展，我国教育体制不断进行改革，评价中小学生的方式方法也日新月异，不再是呆板的、单一的评价，而是从不同的角度、不同的标准对中小学生的基础知识、基本技能、道德品质和实践创新等各方面进行评价。因此，提出了培养中小学生的核心素养要求。然而在培养中小学生核心素养的过程中，教育者需要遵循一定的原则，

---

① 严加平，潘国青. 基于学生核心素养的学校变革——2016 年海峡两岸教育学术研讨会综述[J]. 教育发展研究，2016，36（22）：80-84.
② 郭雪莉. 发生在"新实验课程"里的故事[J]. 北京教育（普教版），2016（1）：79-80.
③ 刘华贵. 核心素养之价值取向与意蕴[J]. 湖北教育（教育教学），2016（4）：21-22.

才能更好地培养理想人才。根据中小学生的身心发展规律和社会需要，这里提出培养中小学生核心素养应遵循的三个方面原则。

（1）坚持以人为本。

教师的职责是教书育人，要求教师不但要向学生传授知识，而且要不断地对学生进行思想素质教育，在进行教书育人的过程中，由于学生是一个处于发展中的独立个体，所以教育者需要把学生作为课堂的主体。而我国传统的教育以教师、教材和课堂为中心，与现代教育的主体截然相反，信息技术支持下的核心素养培育更是容易脱离以学生为主的理念，所以，教育者需要坚持引导学生自己选择学习方式和内容，探索学习的方法，体现了以学生为本的教学理念，也是对以人为本的教育理念的阐释。另外，我国中小学生教育的重要任务之一就是提高学生的道德认识水平，通过不断的教育，把中小学生培育成未来祖国全面发展的建设者和接班人。因此，从立德树人的角度来分析，只有坚持以人为本的教育理念，才能够培养出更好的人才。

（2）立足于国情。

科教兴国，意思是利用科学技术发展教育，从而强国。近些年，我国各行各业都取得了非常大的进步，教育行业也不例外，例如将各种先进的现代教育技术和信息媒体技术引入教育教学中。如此，教育取得了非常大的进步，不但提高了我国的整体教育教学水平，而且能够更好地培育新世纪人才。

（3）进行科学创新。

信息技术的变化很快，各种资源的升级与改进也在加强，互联网时代的教师，更应该学习前沿的知识与先进的技能，然后将这些东西传授给学生，还可以通过科学课、信息技术课、劳动课和实践活动课来培养他们的科学意识和创新意识以及不畏艰难、敢于思考、勇于创新的科学精神。

3. 信息技术支持下中小学生核心素养培养的策略分析

随着科技日新月异的发展，我国教育事业也在进步与改革，因此我国教学也不于表面的应试阶段当中，而是开始培育具有 21 世纪核心素养的人才，只有如此才能完成我国目前教育目标。随着我国社会经济和科学技术的发展以及教学水平的提高，教师培养学生的核心素养是非常有必要的。教师可以采纳一些多媒体相关的现代教育手段和信息技术，来培养中小学生的核心素养。

（1）借助信息技术教学突破形式化教学，丰富中小学生的文化底蕴，提升学生核心素养。

在技术信息时代，中小学校信息技术课程所占的比重越来越大，而信息技术教学不仅只是培养学生的技能，还可以通过信息技术教学，将文化基础知识融入技能中，所以老师可以利用信息技术教学这一特点打破形式化教学，来提高和丰富中小学生的文化基础知识，从而可以更好地达到发展学生核心素养的标准。

①　深入信息技术教材，发掘人文内涵。

借助信息技术教材，发掘学生人文内涵，培养学生的文化基础和科学精神。21 世纪，信息技术对人们越来越重要，因此学校强调信息技术时期要重视信息技术教学，这样就对信息技术老师有了更高的要求。信息技术老师必须要拥有广阔的视野、丰富的文化基础知识和灵活多变基本技能，这样的老师才可以胜任信息技术教学，才能有更好的能力教学生多样的文化基础知识和各种基本技能。另外，在 21 世纪，老师要通过计算机课对学生的信息能力、信息意识加强培养。另外在对学生设计网站时候，可以以环保教育、合理利用资源为主旨设计网站，在网站设计过程中学生可以利用网络查找相关环保知识，分析美好环境对于人类居住的必须性，从而在日常工作、生活和学习中养成节约资源、保护环境良好习惯。在这样的学习过程中也会不断地对学生文化素养提高有着特别的帮助。

②　重视团队合作，培养中小学生健全的人格。

重视学生团队合作，培养中小学生健全人格。随着共创时代的到来，个人的发展离不开社会环境。科技相关科研人员，不仅要求专业领域知识更要强调团队协作精神。而作为信息技术老师就要有目的地将道德品行教育融汇到教学过程中，从小培养中小学生合作的团队精神。上计算机课时，要求相关老师要善于利用小组教学和支架式教学，让学生通过相互讨论、协作学习来完成学习任务，引导学生通过进行深度交流与合作，创作有内涵的作品，让他们充分体验到信息技术所包含的人文内涵。在完成教学作品的过程中，可以潜移默化地培养中小学生的健全人格。

③ 认清是非，进行中小学生价值观教育。

认清是非，进行中小学生价值观教育。目前，我国教育的核心价值主要体现在对于人的培养，培养学生身心的健康，丰富情感世界。这就要求老师上课时利用先进的科学技术，拥有正确的教育价值观，引导学生认识真善美和丑恶。比方，在信息技术课程有关病毒黑客内容的讲授时，教育者要多多罗列一些计算机网络犯法活动，告知危害并让大家引以为戒，让孩子们知道病毒防范，认识到这类做法是一种违法行为。通过相关类似教学内容，教导中小学生认清是非，拥有正确的价值观，提高学生明辨是非的能力，自发抵抗网络上不良信息，从而进一步提高信息素养。

（2）利用现代教育技术打破传统教学模式，提高中小学生自主学习意识，推进学生核心素养的良性发展。

学校教育是教育的主要阵地，而课堂讲授也是学校教育的必不可少的一部分。网络信息化时代，不但不能否认课堂教学的感化，而且要充分利用信息技术优化、完善课堂教学。在互联网教育背景下，教师要习惯应用慕课、翻转讲堂、板块式讲授、实践体验式、互动式、探讨式教学，指导中小学生利用各种各样的学习手段进行学习，让他们在"回归生活、回归本真"的情境体验中，提升他们自主学习能力、协作参与能力、勤思好学能力①。

利用慕课在线学习平台，革新传统教育手段，发展学生的自主发展能力。通过慕课突破传统授课的时空限制，尽可能给学习者带来方便，比方教师勤动手，多做一些优良的课程，给中小学生创造大量高质量的课程资源，这样无疑对正在快速成长的中小学生能周全、循序渐进地把握知识，加强中小学生的进修本领、实践本领、贯通本领有非常大的作用。再者，一些理论课还要充分结合中小学生关注和感兴趣的话题，用所学的理论知识去回答生活中遇到的问题，提高中小学生的学习兴趣和积极性。

利用翻转课堂发展学生的自主发展能力。此方式授课，主要是重头设计上课的时间或讲课体例。传统授课是老师先讲课，学生跟着学习，如果遇到问题再问老师，而翻转课堂则是以教师和学生为中心开展任务

---

① 喻芒清，姚翼源. 新媒体时代青年学生核心素养培育的路径创新[J]. 学校党建与思想教育，2017（24）：39-41.

驱动教学，老师课前把任务布置给学生，学生提前解决，如果解决不了，则可利用老师上课时间或者课余时间协助学生解决问题，让孩子们作为课堂的主体，老师不再是讲堂的主导者，上课的主动权将移交给孩子们；或者老师将学生分为小组，轮流派出小组代表，上讲台自主讲授。在这类讲授条件下，中小学生或许可以更专注于自动积极地对题目进行探索，一起讨论题目，然后配合解决他们现实生活中遇到的困境，从而获得更好解决问题的能力；老师占用较少讲堂的时间来讲解传授知识，能节约更多的时间与每一个学生沟通。在课余时间，中小学生可以没有时空局限，自己选择学习内容、学习方式和控制进度，教师则通过学生提问，帮助他们解答疑难问题，采用讲授法或谈话法帮助学生解决学习和生活中遇到的问题。由此满足中小学生的各式各样的需求，促进他们的个性化学习和个性发展。

要在教学中灵活地应用板块式教学，以激发学生的自主学习能力。教师将教学内容分层次、分板块、由浅入深排列，将讲授的知识梯度化、问题化，并给予中小学生充足的时间自主学习与思考，主动利用网络查询学习资料，培养研究型的学习习惯。这一教学方式的最大优势在于最大限度地调动了中小学生的学习兴趣和学习自主性，变被动听课为自主学习。

（3）借助信息技术改变单一的教学体系，发展中小学生社会参与能力，提升学生核心素养。

借助信息技术改变单一的教学体系，发展中小学生社会参与能力。21 世纪以来，教育界的各个机构、组织都树立起了具有时代意义的核心素养框架，来适应现代教育革新与发展的需求。在技能层面上，充分运用大数据在信息集成和统计上的优势，提供给中小学生需求的有用信息，还有通过课外实践课、活动课和劳动课；在内容层面上，要多个学科综合起来、多维度、多方面、多样化的教学内容；在教授形式上，尊敬中小学生的主体地位，正视技术和创造性思维的培育；在课程体系上，教育者应该努力制造以核心价值观为导向，紧紧抓住学科课程体系，把现代教育技术作为教育方式。要想尽一切办法发掘每一科目中所包含的教育因素，将思想道德教育融入各个学科中，成立全方位的中小学生核心素养培养讲授系统。

目前，我国单一的教学体系已经达不到教育的标准，对培养中小学生核心素养更是遥不可及,因此要根据我国国情和核心素养发展的情况,借鉴其他国家的教学体系,革新传统单一的教学体系。教师可以灵活多样地设计教学体系,比如借助信息技术工具创造适合中小学生的多样化的教学体系。主要表现在老师可以生动地讲授,学生可以无拘无束地自主讨论,几乎所有的学生都可以积极主动参与实践活动。由此潜移默化、不知不觉、循序渐进地培养了学生发现问题、分析问题、解决问题、反思问题的能力。其最终目的,不仅为了培养学生的认知能力,还为了提高学生的实践创新能力和社会参与积极性。

新时代要有新气象,更要有新作为。广大教育工作者只有把握新时代的特征,了解中小学生的社会需求、心理诉求、价值观的影响因素,才能更好地创新因类施教的授课形式,改变教育教学体系;只有不竭提升本身的教学技术,正视自身的不足,加深对当前青少年思想动态的把控,才能使中小学生核心素养培育的方针、内容、实践层面更好地贴近学生的生活,切近孩子们的渴求。

目前,教育从开始的"知识时代"逐渐过渡到"素质教育",最后走向"核心素养"时代。因而,权衡教育质量的基本尺度也终究指向核心素养的培育。然而,在科学技术快速发展的背景下,现代教育技术的快速应用和推广,对培育中小学生核心素养和加快中小学教育信息化具有一定的现实意义。

## （二）中小学生创客能力培养

随着互联网时代的到来,高科技技术的不断发展,整个社会已经进入了"互联网+"、大数据、虚拟现实等环境,随之而来的是整个社会对创新型人才的高度需求,从而对我们的教育提出了相应的要求。而如今我们一些地方还处在传统的应试教育阶段,很难培养出大量符合要求的创新型人才。这就要求我们对现有教育模式做出相应的改变。在这种情况下,"创客"一词的出现,切实迎合了国内教育现状的需求,它的出现从某种角度上说能解决我国学生创新实践能力的短板问题。目前相关文献对于创客能力的界定不多,笔者调查后将人们对创客能力的定义归纳为表 4.1 所示,主要集中在创新意识、创新思维能力、创新实践等能力培养方面。

表 4.1    创客能力的构成要素

| 序号 | 作者 | 内容 |
|---|---|---|
| 1 | 王立 | 创新意识、创新基础、创新方法、创新环境等 |
| 2 | 温寒江 | 创新精神、创新思维能力、实践能力及动手能力等 |
| 3 | 张志勇 | 创新感知能力、创新想象能力、创新思维能力、创新实践能力 |
| 4 | 张鹏 | 创新意识、创新思维、创新技能 |
| 5 | 金丽 | 创新意识、创新实践能力 |
| 6 | 余华东 | 创新思维能力、非智力因素、创新实践能力 |
| 7 | 何勇向 | 观察能力、分析能力、协作能力、沟通能力、动手能力 |
| 8 | 岳晓东 | 创新思维、创新人格、创新智慧 |

1."互联网+"环境下中小学创客能力培养的必要性

选择中小学作为创客能力的培养目标。首先根据皮亚杰的认知发展阶段理论可知中小学阶段的学生对事物的认知比较具体和直观，学生思维具有可逆性和灵活性，对新生事物的接受能力比较强。其次，中小学学生正处于学习知识的阶段，对知识和理解相对比较简单，没有形成思维定式，具有创新思维开发的潜能；在中小学阶段，学生知识存储相对较少，创新能力的培养能够对其进行知识和能力层面的补充。所以，在培养中小学创客能力时，要根据不同阶段学生的认知水平和身心发展特征合理地进行引导，在开展创客学习过程中培养自身的创新意识、创新思维、创新能力，最终促进知识体系的构建。

（1）社会发展的需求。

《国家中长期教育改革和发展规划纲要（2010—2020 年）》在第二章战略主题中明确指出，坚持能力为重，使得知识的吸收达到最优化，社会实践要丰富化，加强能力的培养[①]。作为国家层面来讲，把能力培养已经作为教育的基本的战略性的任务。从实际来讲，具有创新能力的人才少之又少，现在社会发展多元化，"互联网+"环境下大数据、3D 打印、人工智能等新型行业的迅速崛起，对具有高技术含量的人才的缺口越来越大。所以，培养创新型的人才是社会所需，以中小学作为基本点，培养学生的创新能力.间接也会影响到社会的发展以及综合国力的建设，

---

① 汪基德.从电化教育到信息化教育——学习《国家中长期教育改革和发展规划纲要（2010-2020）》之体会[J].电化教育研究，2011（9）：5-10+15.

也是大环境对人才需求的硬性要求。

（2）"互联网+"背景下的教育需求。

随着互联网渐渐融入教育，在一些学校，多样的教学模式也在中小学中加以使用。所以，不管是对老师还是学生，从意识到能力的塑造，都提出了更高层次的要求，要学会使用网络进行学习，多动手进行操作。例如，"人工智能与未来教育"的高峰论坛的举办，中国首届创客教育发展论坛的顺利召开，智慧校园的建设等都说明我们的教育研究的热点问题和互联网结合越来越紧密。利用网络进行教学、学习等是现在的教育趋势，培养学生的创客能力时，要有效地利用网络资源。

（3）基于知识建构的创新需求。

虽然现在已经有部分区域的学校进入教育的息化、网络化。但是，应试教育下，为了追求高分数，大量的习题练习，使学生形成了思维定式。这对于创造性地解决问题，则往往会成一种障碍，从而限制人的创造性思考。现有社会的高速发展，对创新型人才形成高度需求，也就要求我们的教育加快培养出更多具有创新素养的人。现实中，许多地方的在校学生处于创新无意识状态，另一方面是社会对人才的殷切盼望，这个供需矛盾必须解决，时不我待，对于教育工作者来说也是责无旁贷。在这种情况下，讨论培养中小学创客能力的必要性问题就更加显得具有实际意义。

（4）新课改对学生核心素养的基本要求。

自从新课改的提出，我国基础教育课程改革的不断深入，学生的知识、能力、态度以及学生情感、态度、价值观等都被开始重新定义。从之前的关注教学，提高成绩，到现在的关注学生，关注学生的核心素养。更加强调的是学生对于事物的认知、理解，运用等多维度的综合能力。学生的认知在不同的心理和年龄阶段都会发生变化。所以，可以根据学生自身的认知发展规律在不同阶段对事物产生不同的兴趣的特点，结合互联网，培养学生的创新能力。培养中小学的创客能力是对新课改的具体实施的体现，是培养学生核心素养的重要途径，是对学生自身综合素质的提升。

2．汉中市中小学创客能力的培养策略

（1）改革传统的教学模式，渗入创新意识的概念。

首先从教育体制以及政策方面应该给予更多的支持和保障。牢固树立和落实创新、协调、绿色、开放、共享的发展理念，以培养学生的创新精神和实践能力为切入点，以提升学生的核心素养为目标。其次，探究具有比较有新意的教学模式，传统的教学以教师的灌输，学生的被动接受为主。可以根据学生的兴趣爱好，开设各种各样的社团，进行小组模式的教学，让学生学会在活动实践中学，通过自己动手体会，构建知识的框架和对新生事物的理解。同时各级电教机构可以带头，和各级中小学紧密联系，在互联网的辅助下，提供比较新颖的交流经验和相关的先进设备。发达地区可以积极创造创客条件，为欠发达地区提供经验和帮助。比如，2017 年 3 月 22 日汉中市电化教育馆举办的"汉中市创客创意大赛培训会"中就有理念比较先进的创客公司以及学校负责人介绍了许多他们培养人才的理念和具体实施方式。参会的一线老师有 160 人之多，为基层老师提供了很好的学习以及交流平台。同时让他们同样能够接触到最新的教育理念。

（2）促进课程资源的整合，加强创新型师资队伍的建设。

① 根据学生的认知水平对课程进行区域性的整合。

完整的创客课程体系中应包含难度不同的由低级到高级的一系列课程，针对不同的年级，开设符合其年龄阶段的创客课程①。根据对汉中市创客课程开展情况的数据调研与分析发现，目前经常开设创客课程的学校只有 12% 左右，而没有开设此类课程的学校占到 40% 以上。其余的偶尔会借助社团活动开展创客教育。所以，在培养中小学的创客能力，从课程方面入手，根据学生的认知水平，学校自主开发校本创客课程。在没有开设创客课程的学校，可以根据互联网共享的特点，分享学习一些比较优质的创客课程。以汉中为例，教育资源相对于省会城市西安显得薄弱一些，在西安举办的一些创客活动或者比赛、公开课，可能很难及时去参与，这个时候，我们就可以利用网络分享和学习这些教育发达城市的优质教学资源。对于已经开设课程的学校来说，学校可对现有的课程进行区域性的整合。可以以汉中的特色旅游业为例，提出一些比较有创意性的课题，可以制作专门介绍汉中各个景区的课程。由于汉中地处陕南，紧挨秦岭，地理环境复杂。也可以开设介绍汉中地理环境的课程，我们可以称之为"地市课程"。其次，要和地方的高校加强沟通，高

---

① 刘杭，陈芳芳. 创客教育的理念、空间建构与趋势展望[J]. 中国教育技术装备，2015（16）：12-14.

校培养的人才直接输入社会，一个区域内的高校也代表了这个地区的教育水平与教育前瞻性。加强和地方高校的联系，可以获取最新的建设课程的理念，知道我们的社会需要的是什么样的人才。同时可以模仿高校的必修选修课程，把我们的创客课程分类让学生进行必修和选修，老师可以进行线上线下式两种教学方式。

② 加大设备投入，加快中小学创客教育师资队伍建设与培训，为顺利实施提供有利条件。

汉中市鼓励中小学校通过吸引企业赞助、自筹经费等方式加大设备投入建设。比如，宁强县南街小学于 2016 年初自筹资金 10 余万建设创客工作室，装备了 3D 打印机、绘图仪、机器人组件等[①]。中小学生创客能力培养的前提是创客师资的配备，实践中应该依托信息技术教师、科学教育教师等成立创客师资队伍，加大中小学创客教育专题培训，鼓励教师建立和设置相应的创客学习课程，形成集课程学习、设计开发、交流合作、实践创新等为一体的创客学习团队，借助互联网平台展开成员之间以及与行业专家和典型学校之间的交流与培训学习。汉中市电化教育馆举办的微课大赛活动，共参加的教师有三百多名，在观看老师们制作的视频时，出现了很多的技术性问题。比如，有的视频格式不对打不开；有的声画不同步视频录制模糊，等等。所以在对创新型教师的进行培养时，可以从四个方面进行，第一，对教师进行定期的培训，帮助教师扎实掌握多学科知识合作与交流；第二，举办一些针对性的学术交流，提高老师的学习能力；第三，开展有针对性的教师专业化培养，强化教师专业性发展，提高教师的教学能力。第四，开展有关创客能力的研讨会议，举办各种创客大赛活动，以增强教师的专业知识和信息技术能力，通过这四方面对教师的综合培训，加强我们创新型师教师队伍的建设。

（3）鼓励学校建设创客空间，构建中小学创客教育资源，为有效实施提供基础保障。

创客空间作为创客活动的载体，对培养学生的创新能力至关重要，当前的创客运动根植于正在不断扩展的"创客空间"（Maker space）。作为创客运动的载体，创客空间被看作是人们能够聚集在一起通过分享知

---

① 谢清平. 汉中市首家学生创客工作室落户宁强县南街小学[EB/OL].http：//blog.sina.com.cn/s/blog_13f827f470102w20j.html,2019-03-05.

识，共同工作来创造新事物的社会化、平民化、草根化的实践空间①。我们为什么要创建创客空间，它是培养学生创新能力的重要场所，它为我们培养学生的创新能力提供了载体。鼓励欠发达地区中小学教师与学生创新思维，在互联网支持下不拘泥传统的创客教育形式，探索本土特色的创客教育活动，与发达城市的中小学交流、共享创客教育资源，进而辐射带动欠发达地区其他中小学创客教育的发展。就汉中市来说，创建创客空间的学校并不多，比如，西关小学、西乡莲花小学、四零五学校等都有建设创客教室，但形式相对还是比较简单。目前创客教学主要是依托社团或课外兴趣小组形式展开创客教育，借助小组合作的教与学，让学生体验"做中学"，完成创新实践，进而辐射带动全校师生开展创客活动。像创客空间场地、硬件设备和软件设备以及经费的投入都是处于初级模式。

最近，山东省教育厅印发的有关山东省学校创客空间建设指导意见通知中，详细展示了关于学校创客空间建设的基本要求，主要从"电脑设计""人工智能""创意制作""影视制作"这四个方面的主题进行创客空间的建设，涉及项目类型多达 11 类，并且给出了相应的资源配置建议（当然它们的大前提是要在互联网的环境中进行）。该意见非常全面，可供各学校建立创客空间参考。基于汉中的实际情况，我们可以基于网络的基础上建立多校共享的创客中心试点。比如全国青少年机器人技术等级考试，汉中考点就设在陕西理工大学，由于大学教育资源相对比较丰富，我们可以进行各学校之间的资源的共享。同时，自主研究和开发相应的源素材，降低创客空间的建立成本，学生在共享资源的同时，也加强了各校之间学生和老师的合作交流。

（4）积极开展各类比赛活动，激发学生兴趣。

培养中小学创客能力的一个重要途径就是从学校做起，学校可以经常举办一些比较有创意的比赛或者活动，提高学生的积极参与性。比如，可以开展针对中小学的电脑大赛，培养学生应用电脑的技能；又如，可以根据汉中本地的历史文化，开展文化类的创客比赛，形式可以不限，通过这样的多种形式让学生了解汉中的历史以及它的发展进程，与传统的灌输式教学取得的效果会有显著区别；同时，可以鼓励学生参与社会

---

① 徐思彦，李正风. 公众参与创新的社会网络：创客运动与创客空间[J]. 科学学研究，2014，32（12）：1789-1796.

上的一些比赛和展览，拓宽学生的知识面和眼界，开发学生的创新思维。对于部分发达的教育地区，可以进行校企合作，企业提供资金、设备等帮助。学校可以组织学生参加比较适合学生心理阶段和年龄特征的项目，优秀的作品可以通过企业进行发布，激发学生的兴趣和去做成功的欲望，培养并提升学生的创新能力。

（5）建立健全中小学创客教育评价机制，为中小学创客教育持续健康发展提供动力与保障。

由于中小学创客教育缺乏相关的评价，导致无法准确观测它的实施效果，无法保障它的顺利推进。因此，建立健全中小学创客教育评价机制是更好实施创客教育的动力保障。地处欠发达地区的中小学创客教育的实施尤其需要源源不断地汲取发展动力，才能保证创客教育的实创时新。因此，应重视对创客教育的及时评价、及时反馈，更重要的是通过评价总结形成有效的实施路径与方法，以供其他中小学校借鉴与推广。

## （三）中小学生信息素养的提升

信息技术是人类现代文明和进步的一个重要标志。在信息时代，多媒体和网络成为人们获取信息的重要手段。培养中小学生信息素养，使学生懂得如何更好更快更有效地获取和运用信息，是我们现在必须要面对和解决的问题。

1. 学校积极创设信息化教与学环境，为学生信息素养的提升奠定基础

（1）给学生信息化学习提供充足的软硬件条件。

比如，积极建设数字化校园，开展智慧教育实践。软件方面，应提供学生学习信息知识的环境氛围，在开设信息技术课程的同时，办好信息技术课外兴趣小组，通过创客教育、机器人教育等新模式给学生信息素养的提升提供一个良好的环境氛围。硬件方面，要使学生学习信息知识，就应给学生提供学习必需的东西，如，计算机、计算机相关书籍以及参赛平台与机会等，以便让学生有更好的能力发挥平台。

（2）采取一定的措施使信息技术课程得以切实有效地开展。

受传统应试教育的影响，许多学校信息技术课开展不够，这样，学生就没有学习信息知识最基本的保障，如果信息技术课程能按要求顺利

开展，将会更加激发学生的学习兴趣，增强学生对信息文化知识的感受和了解，学生们不但会用计算机进行文字、表格、数据处理基本信息，而且还能了解获取信息的多种渠道，包括人工智能、虚拟现实、教学软件、扫描仪、数码相机等。

2．提升教师的信息化言传身教能力，为学生更好地提升信息素养提供帮助

（1）在信息技术教学中，注重培养学生的信息辨别能力。

现如今，许多学校在给学生开设信息技术课程的学习时，除了讲授计算机方面的知识，更应该注重学生信息辨别能力的培养，使学生在面对身边出现的大量信息时，能够快速有效的提取到自己所需要的知识，同时，不受其他不良信息的影响。

（2）在信息技术的教学中，给学生讲授获取知识信息的手段，授人以渔。

学生在进行信息检索时，是要自主进行的，如果学生没有一定的信息检索工具、检索方法等方面的知识储备，那就无从谈起。所以我们在讲授信息技术课程时，信息源、信息检索工具、信息检索方法等方面的知识是必须给学生讲授的，这样才能提高学生的信息检索效率，使学生能利用工具从各种途径检索、评估和收集信息。

（3）教师在平时的课程教学中应注重学生学习能力的培养。

在如今，信息技术的快速发展，每天都在改变着我们的生活方式，只有做到有效运用信息资源不断地学习，不断地自我提高，才能不被社会淘汰。作为信息技术教师在平时的教学和教研活动中要注意对学生信息意识和能力的培养。这不仅可以提高学生的学习能力，对学生解决问题的能力方面也有一定的影响。教师要培养学生的自我控制能力，中小学生自制力和控制力不强，意志品质的发展还不成熟，容易受网络上不良信息的影响。针对中小学生的这一心理特点，教师首先要肯定学生的进取心，另一方面要锻炼学生的意志力，培养学生良好的自我管理能力，这不仅可以帮助学生理解与技术相关的伦理、文化和社会方面的问题，也可以培养学生良好的信息道德。

（4）要充分发挥教师在学生中的榜样作用，提升教师的信息化言传身教能力。

学生的信息素养是在耳濡目染中慢慢培养的，教师的言行举止会潜移默化地影响学生，所以教师要做好学生的指导者和引导者，敢于尝试新媒体新技术，并有意识地引导学生采取多种形式来获得和利用信息。一直以来，受传统应试教育的影响，教师在学生的心目中，不仅是学生学习活动的指导者、引路人，更是学习同伴，所以，要培养学生的信息素养，必须先使教师了解和具有一定的信息素养，使学生在老师身上看到信息素养的表现。如，教师可以在日常的生活中、工作中通过与学生的沟通与交流，使学生认识到信息素养的必要性，以及信息素养对一个人知识、能力、品德等各方面的素质的提高，引起学生对信息素养的兴趣，激发学生提高信息素养的动机，起到言传身教的作用。教师不仅可以帮助学生更好地理解与掌握信息知识，对于学生学习中遇到的问题，通过自身的切身感受，可以对学生进行一定的指导和引导，使学生在学习中少走弯路。同时，引导学生学习健康而有营养的知识，教师利用 QQ、电子邮件等网上交流工具与学生、专家等进行交流、合作，使学生看到信息素养的便捷性，从而引导学生，不断提升自身信息素养。

3．学生应主动加强信息化学习，客观看待个人信息素养的提升。

（1）学生应从增强自我控制能力做起。

中小学生的自制力和控制力不强，尤其是在新时代，自我管理能力显得尤为必要。对此，除了教师要对学生的自制力进行培养以外，作为学生，还应该在平时的生活学习中，从自身方面做起，有意识地提高自我管理能力，理解与技术相关的伦理、文化和社会方面的问题；避免受无用、不良等信息的侵害。

（2）学生应该持有积极正确的信息化学习态度。

在信息技术环境下，在信息技术课程的学习中，相当一部分学生信息意识不强，许多学生的思想认识还不够，学生的网络知识还比较贫乏，信息能力还相当薄弱。学生接触比较多的是互联网的娱乐、游戏等功能，而并非学习。对于具体的深入的学习，许多学生没有兴趣，所以，我们应合理引导中小学生客观认识、合理运用信息技术，形成正确使用信息技术的态度，从而有利于其终身学习与个人发展。

（3）学生应提高自身的信息化学习能力。

作为学生，要学习一门知识，不论是传统文化知识，还是现代信息技术知识，如果学习能力不强，那么在学习中很可能会花费很多的时间和精力，却达不到预期的效果。因此，学生只有从自身方面做起，提高自己的学习能力，才能在实际的学习活动中达到预期的效果，对其信息能力的提高也有很大的帮助，使自己能利用效能工具加强学习、提高学习效率，利用信息技术资源解决问题，做出决定，能够在真实世界利用信息知识技术做出决策，解决问题。

进入信息时代，信息是最主要的资源，对整个社会的发展具有决定性的作用，学生不再是一个只会吸纳大量事实信息的人，而是一个知道如何检索、评价和应用所需信息的人。一个缺乏信息素养的人，将难以在知识经济社会中立足。提高获取信息、评价信息、应用信息和创建、整合信息的能力是当代中小学生的必备素质，在信息技术环境下，培养学生的信息素养，是学生接受终身教育的前提条件，更是培养创新人才的先决条件。总之，在当前的信息技术环境下，面对信息时代的严峻挑战，我们必须把培养学生的信息素养作为教育的重要组成部分，促进学生技能和智慧的全面发展。

## （四）高中生信息技术学科核心素养的培养

教育的发展是随着时代的发展而前进的，在不同时期，教育的发展需要满足时代发展和人类社会发展的要求。2017 年，我国新课程标准提出并对高中信息技术学科核心素养进行了定义和规范。信息技术学科核心素养这一概念的提出，为高中信息技术教师在教育教学过程中提供了更加清晰的目标和要求，让教师更加清楚应该在高中信息技术课堂上教会学生什么，应该如何教，通过何种方式去培养高中生的何种素养。

1. 高中信息技术学科核心素养的构成

《普通高中信息技术课程标准（2017 年版）》指出，在信息技术学科中，综合素养主要包括信息意识、计算思维、数字化学习与创新以及信息社会责任 4 个方面。

（1）信息意识。

具备信息意识的高中生能够通过自身对信息的敏锐感从大量的信息中捕捉到对自己有用的可以解决问题的信息；能够结合所学知识和具备

的技能对信息的可靠性、内容的准确性和信息的指向性等问题进行正确的判断；可以根据信息的内容对于其内容影响和后果做出相应的判断；高中生能够在学习或者生活中，养成合作的习惯，与其他人之间能够具有分享的意识，达到多方共赢。

（2）计算思维。

这就是指个体在使用计算机科学范畴的思维模式，在处理学习和生活问题的过程中所形成的一种思考问题的模式[①]。具有计算思维的高中生会运用与计算机逻辑相似的逻辑思维和算法思维能力去解决生活中的实际问题，在解决这些问题时通过对于资源的判断、分析、整合，形成一条合乎逻辑的解决问题的流程，最终达到解决问题的目的，通过这样反复的去思考、使用，做到学习知识与学习方法的灵活应用。

（3）数字化学习与创新。

它是指学生借助数字化学习资源和学习工具，培养学生创新解决生活实际问题的思维和能力。具有数字化学习和创新素养的高中生具备使用数字化学习工具进行独立学习、协作学习和分享知识的能力，在数字化学习的环境中使用这样的学习方法，养成创新学习的良好习惯。

（4）信息社会责任。

它是指个体生活在信息社会时所需要承担的文化素质、道德规范和自制能力的责任。高中生的信息社会责任包含遵守信息安全法律、法规，遵守信息社会的道德和伦理的规范，在现实生活和网络虚拟空间中遵守公共安全规范条例，不单单可以保护自己的合法权益不受侵害，而且还能可以护别人的合法权益；高中生要对信息社会责任有明确的认识，明白自己在社会中所具有的社会责任，具有利用法律法规约束控制自身的言行举止的能力，共担信息社会责任。

2．高中生信息技术学科核心素养培养的意义

（1）有利于高中生更好适应信息化发展的需求。

我们处在信息化时代，在这个时代人们被信息技术包围着，无时无刻不在使用信息技术，这个时代给予了人类便捷的生活，但同时也提出了更高的要求。对于高中生而言，他们的生理及心理发展都未达到与成

---

[①] 刘向永．普通高中信息技术课程标准（2017 年版）概览[J]．中国信息技术教育，2018（5）：5-6．

年人相同的水平，发展还不够成熟，因此在学校教育中，应当给予高中生更加正确的引导和教育，使他们能够意识到信息技术存在于我们生活的方方面面，我们要学会适应生活中信息技术带给我们的便捷与潜在的危险，面对人生中的每一次重大选择，走好人生的每一步。

信息化时代早已到来，对于高中生而言，能做的就是尽快适应这个时代，适应外部社会给予他们的影响。高中生需要学会适应变化，他们处在这样一个日新月异的时代，就要学会拥抱变化，让自己更好适应这个社会，必须满足这个时代的基本要求。学好信息技术这门课程，使自己具备信息技术核心素养，这就是适应信息化时代的关键一步，高中生如果走好了这关键一步，必然会让自己在信息化的时代更加自如地去应对信息时代的一切问题。

（2）有利于高中生提高学习知识和培养创新能力。

信息技术学科核心素养的培养，注重培养高中生的信息意识和数字化学习与创新的培养，那么当高中生在使用互联网去查阅资料进行学习时，就具备从众多的查阅结果中筛选、识别出哪些是自己所需要的资源，而哪些是对自己的学习没有帮助的资源。互联网能够提供丰富的资源，高中生可以使用浏览器登录互联网，搜索自己需要的学习资源，比如课程讲解、课程目标以及最新的教育信息。高中生具备创新能力，能够使其在解决问题时能够运用创新型思维和创新意识，探索出更具创造性的解决方案。计算思维可以帮助高中生理解抽象的知识概念和逻辑性较强的知识，从而达到对于抽象知识和逻辑思维的掌握，在学习中不但能够学习知识而且能够掌握学习方法。

（3）有利于高中生更好地适应未来。

信息技术在发展的过程中，不仅广泛的体现在人类的日常生活，而且体现在社会生产的方方面面，可以说信息技术正在重塑我们所生存的世界，在未来大量日常事务的处理都必须要通过信息技术才能完成，这就要求人们必须要具备一定的信息技术学科核心素养。所以我们需要在高中阶段对学生加强信息技术核心素养教育，教会学生各种各样信息技术和信息能力，从而有效提升学生对于信息技术的认知，使学生不会被信息时代的社会生活所抛弃，在以后的学习生活中也能更好地去了解学习更多更加先进的信息技术。信息技术的学习是一个缓慢的过程，当学生在高中的信息技术教育中获得了相应的能力和技术并学会运用这些能力和技术去解决问题，提升自己其他的能力，自然会与不具备这些素养的人产生差距。这就有利于高中生在未来的社会中更好地展现自身优势和才能，为将来深造或步入社会打下基础。

3. 高中生信息技术学科核心素养的培养策略

（1）转变传授模式，培养高中生的信息意识。

我们处在教育信息化的时代，信息在社会发展中发挥着至关重要的作用，也影响着社会发展的脚步，如果高中生不具备信息意识，那么在未来的学习和生活中必然会受到很大的影响。高中生已经具备了处理现实复杂任务的知识和能力基础，因此，在信息时代，需要高中生学会把计算机等信息技术作为有效工具和手段，获取与学习相关的数字化资源，借助信息技术处理实际问题等。

大多数学校的信息技术教学都只是停留在将书本的知识表述出来，而学生在自己电脑上进行一次模仿操作，操作效率不高，效果不尽人意。所以，教学中应采用多种教学方式并行的方法，不只有教师的演示教学，还可以让部分学生能够站在讲台上去展示自己的操作或者制作的作品，并且能够给其他学生进行讲解，加强学生对课程内容的记忆。另外，教师要充当指导者的角色，这就要求教师必须关注到每一位学生的情况，有层次地、有逻辑地针对不同的情况指导高中生去自主学习知识；同时需要教师创设特定情境让学生更加清晰地理解，从而借助环境的优势运用学习软件吸收课本知识。这样有利于学生对知识的主动构建和深化，使学生完善自己的知识框架。也可以将教学过程中的难点问题重点问题，以及学生学习作业过程中出现的常见问题进行总结归纳，实现个性化学习。高中生在具备了信息资源获取的能力之后，最应该具备基本的互联网信息辨别能力，能够有效区别信息的真伪性和时效性等。教师可以在课堂上展示不良网络信息的危害，以此来警示学生远离不良网络信息，同时教会学生如何正确使用搜索引擎搜索自己需要的网络信息。这样才能做到有效的利用信息技术资源，有效利用网络工程，同时也能够防止高中生进入不良网络环境。

（2）注重潜移默化，培养高中生的计算思维。

计算思维对于高中生而言有着十分重要的影响，学生具备计算思维，能够运用计算思维解决问题，了解计算机语言的逻辑和特点，在信息时代与计算机实现人机交互，进而解决学习和生活中的实际问题。教师要充分认识到高中生在学习方面是具有一定知识体系的，他们已经具备了基础的数学思维，而计算思维与数学思维具有很多相似的地方的，因此教师可以以解一道数学习题的思路为切入点来培养学生的计算思维，让高中生可以通过画流程图的方式来模拟计算机的运行模式，通过计算机语言编程运行来实现流程图，从而解决一道数学习题，使高中生能够形象、真实了解和使用计算思维。通过这一过程，高中生对计算机的应用情况会得到很大的改善和明显的提升，同时学生也会在潜移默化的应用过程中掌握计算思维。

计算思维的培养主要是依靠教师对学生思维潜移默化的影响和培养，在学生逐渐的学习过程中将学生潜意识中的思维模式转化为计算思维模式。一方面，教师要在教学的过程中自然带入计算思维模式的使用，在带领学生解决各种学习问题的时候可以多使用计算思维的解决问题的方式去引导，通过实际的应用让高中生了解并应用计算思维。在日常教学中，教师要重点使用计算思维，把信息技术教学工作与现实生活联系在一起，通过具体而生动的例子教授高中生一些实用方法，例如访谈法、现场观察法等，开阔他们的思维。教师的言传身教是在培养学生思维过程中相当重要的组成部分。另一方面，教师在教学的过程中可以适当给学生一些问题，让学生尝试使用计算思维去解决问题进而培养学生的计算思维。

在学习过程中，高中生的亲身实践练习与教师的指导是一样重要的，只有自己真正去使用了才能切实体会计算思维的优势，才能在之后的学习和生活中注重去培养和实践计算思维，这样就会形成一种良性循环，从而达到培养目的。在高中阶段，学生就会学习到高级语言程序设计，就是让高中生能够通过学习这样的程序语言，结合自身已具备的数学思维和逻辑思维，培养计算思维。

（3）激发学习兴趣，培养高中生的创新意识。

创新能力是所有的学科核心素养中都需要的一部分，而在信息技术学科中，创新能力是最核心的一部分。在高中信息技术课堂上，教师应该鼓励和倡导高中生进行创新，课堂气氛应该是活跃轻松的，而不是一味地给高中生灌输课本知识，提倡高中生去参加一些创新型项目和比赛。此外，教师需要选择合适的数学资源及学习工具，引导学生正确使用数字化工具完成既定学习目标，并在此过程中对学生产生潜移默化的影响。

高中的学生已经具备了基本的信息化设备的使用能力，只是相比于应用于实际生活中，他们更能够解决试卷上的题目，所以教师不仅要对高中生的数字化学习能力进行培养，更重要的是让孩子建立起去解决实际问题的意识。高中生已经具备基本的知识经验和生活经验，他们对于事物的认知有一套自己的认识体系，因此教师在培养高中生的创新意识和数字化学习能力就可以通过一些更加有趣味的方式去引入，才能让他们发现新的领域，用更加热情的心态去对待。在实际的教学的过程中，教师可以通过各种的方法或者活动来培养学生的创新思维和数字化思维。首先，教师在课堂的教学过程中可以使用一些新型的、趣味的教学方式进行知识的讲授，在讲授完成后鼓励高中生针对所学知识进行自己思维的创新和改造。这个过程中会形成各种各样的思维情况，教师需要对学生的想法给予肯定和相当客观的点评，引导学生正确的创新方向。教师应该指导高中生参加各省市举办的机器人大赛、创新创业大赛、互联网+等项目，比如，2019年第五届中国"互联网+"大学生创新创业大赛中针对高中在校生增设了萌芽版块，目的是推动创新创业素质教育，探索基础教育阶段创新创业教育的新模式，引导中学生开展科技创新、发明创造、社会实践等活动，主要在于发现和培养创新创业后备人才，培养中学生创新精神、激发创新思维、享受创造乐趣、提升创新能力。

　　（4）教师言传身教，增强高中生的信息社会责任感。

　　由于高中生生理和心理发展并不十分成熟，所以在高中的信息技术学科教学中，教师必须正确引导学生如何规范自己在网络上的言行，培养高中生的社会责任感。体现在信息技术学科教学中，就是要让高中生明白，网络并不是法外之地，一举一动都受到道德的规范和法律的约束，每个人在网络上所说的每一句话，都是透明的，能被别人看到的，而且每一句话都受到国家信息安全的监督，每一个人在网络上发表的言论和看法，都需要对此负责。

　　教师在进行教学时，有责任带领学生学习相关的国家法律法规，提醒学生应该在法律所允许的范围内合理使用网络；教师还可以通过召开主题班会，在班会上组织学生进行对于"信息安全"的讨论和学习，让学生搜寻一些违反信息安全的实例，分小组讨论，让他们谈论自己的看法，使他们深刻认识到违反信息安全的严重后果并以此为反面教材。教师是学生的模仿对象，所谓身正为范，教师应当在日常生活中给学生树立优秀的学习榜样，让学生在教师的言传身教中增强信息社会责任感。教师在信息技术教学中需要以身作则，将信息社会责任感体现在日常教学活动的点滴之中。比如，教师在上课过程中教学生一些操作的时候，就必须做到严谨规范使用网络信息，不浏览不健康网站、不在公众平台发布和转发不利于国家和社会的不恰当言论。

高中生自己在学习知识的同时也需要主动去了解信息安全相关知识，读一些相关文献和政策。在日常生活中，要严格约束自己的言行，让学生清楚知道虽然网络是虚拟的，但是网络中我们所发布的言论却是真实存在的，这些言论还是要受到法律和道德的约束，所以在网络上一定要注意保护自己和他人的信息安全，不在网络上泄露自己和家人的身份信息，不恶意地散播国家和他人的信息。

（5）利用分层教学，普及信息技术核心素养培养。

由于在初中阶段很多学校就会开设信息技术课程，而有些教学条件教学设备相对落后一些的地方可能只是单纯的开设这样一门课程，由于缺乏专业的老师和设备，学生并没有学习到任何的学科素养和知识技能，因此在学习基础上与一线城市的学生就会产生知识基础上的差异，而这样的差异就可能造成没有基础的孩子听不懂老师所讲的内容。针对这一情况，教师就需要使用分层教学的方式进行教学，教师要充分了解学生，根据每个人的兴趣爱好、基础能力、特点等开展教学。学生可以以自己的小组为单位，组内进行互相学习与指正，也可以与比自己优秀的人交流，学习经验，教师需要在教室轮流观察每一组学生的操作情况，发现学生的问题，引导学生正确的操作方法；基础小组可以先给他们下达一个比较简单的任务，从简单的任务中学习到基本知识后，再进行提升难度，由难到易，培养学生对于知识的应用能力，逐步提高学生的能力。

当今，信息技术已经成为知识更新和技术创新的焦点，在这样一个日新月异的信息化时代，对于高中生的要求也在朝着更高的方向发展。信息技术学科核心素养主要是通过操作和动手实践培养的，因此教师在教学过程中一定要注重将课堂还给学生，让学生在课堂上掌握主动权，让他们自己去自己动手主动探索，使学生通过亲身体验之后才能够从中学习到知识与技能，形成一种思维方式。教师要搭建脚手架，通过引导学生动手合作创新，进而更有效地培养学生的学科新核心素养，而不是仅仅让学生验证效果。

# 第五章
# 推进大数据支持下的教育信息化监测与评估

随着信息技术在教育中的广泛应用,教育信息化建设走上了快车道,对基础教育信息化现状的评估也随之愈发受到关注。国家加大投入后的效果如何?教育信息化发展过程中是否有因信息不畅或者反馈不到位而致决策失误的情况?调研发现,基础教育信息化发展进程中出现了许多问题,诸如决策盲目、应用效果不佳、软硬件不配套等问题,迫切需要建立一个科学的信息反馈、分析、监测体系,以便对基础教育信息化的建设、应用情况进行动态监测。

基层机构和学校已经普遍认识到教育信息化监测工作的重要性和迫切性,但也只能停留在经验、直觉阶段,这项工作暂时还没能上升到理论高度与政策层面。比如,2018 年 4 月 16 日,教育部发布了《中小学数字校园建设规范(试行)》,指出该规范适用于普通中小学(小学、初中和高中,包括中心小学、村小和教学点)的数字校园建设,其他基础教育学校(幼儿园、特殊教育学校等)可参照本规范执行。但目前这些标准的执行还有待进一步落实。

## 一、基础教育信息化监测与评估现状

从对基础教育信息化监控的实施现状来看:在国家层面,监测方面主要靠教育信息化工作进展信息系统(以下简称系统),数据填报工作也于 2014 年 11 月正式启动。就汉中市的使用情况来看,目前系统只对区县级电教机构设置了账号,对基础教育学校还没有开放。陕西省在 2014 年 12 月开展了教育信息化试点工作进展情况调查,印发了《关于建立陕西省教育信息化重点工作进展情况月报制度的通知》,指导全省各地做好信息化月报工作。各地市也已经按要求及时报送了纸质和电子文档，进行教育信息化的数据上报工作。截至目前，该工作一直在常规化开展。就现状来看，基础教育信息化监测存在的问题有以下几方面。

1. 监测是局部的、经验得来的，其结果带有较重的主观色彩

通过调研得知，基层电教机构对教育信息化监测工作没开展或者开展的力度和覆盖面不够。有的县区通过评价的方式对基础教育信息化进行监测监控，重点监测监控某个层面。比如，西乡县通过评估教师的新媒体新技术应用培训效果而采取了一些监控措施，但更多的县区并没有开展具体的监测工作。这表明，基础教育信息化有大量投入，也有一定产出，但其产生效果的机制、规律并不清楚。对其进行的动态监测是通过分析数据信息的变化来展示这个投入产出的机理过程，以便帮助我们能更清楚地把握基础教育信息化过程中是否存在问题，存在哪些问题，哪些又是亟待解决的，怎样解决这些问题以及基础教育信息化的发展趋势等。

2. 以"评价"代替"监测"，导致监测不到位

对基础教育信息化的监控主要通过评价的方式进行。通过访谈得知，实践中存在一部分管理人或教师将通常进行的评价与监测混为一谈的情况，或者将教育质量监测等同于教育信息化监测。监测有别于对具体部门、学校的评估，因为监测结果完全不与部门与学校的考核挂钩，对被监测的对象完全没有利害关系。基础教育信息化监测最主要的功能是科学地用数据信息说明问题，给决策部门提供客观依据。

目前，国内结合大数据技术对基础教育信息化评估进行研究的主要引领者为华中师范大学吴砥教授的团队等。笔者通过阅读其系列论文可以发现，该团队已搭建了评估模型和平台，并进行了系列理论性探索，也进行了一定的实证研究。

3. 监测要素不成体系，结果缺乏深度分析

现有各种统计、评价、督导多而繁，如果说它们带有监测的成分，那么他们也多停留在感知信息、统计信息层面，没有达到"分析"信息

的层次，存在许多不足。在指标体系的构造方面缺乏整体性、稳定性等，指标构造维度存在较多薄弱环节甚至缺失状况，复合型和综合性指标、质量指标和主观指标较少；在数据收集方面，存在类型不够多样化、参与机构较少、收集方法不够丰富等问题；统计报告对教育教学的结果性、政策相关性、可比性、学科性等特质不够重视；在使用方面，缺乏明确的分类管理制度和整合，等等。

4．监测主体和客体重叠，客观性不足

原因在于评价的主体是各级各类电教机构，存在着自己制定标准、自测、自评的问题，各地区督导的效果和力度不一，对基础教育信息化发展现状的监控没有统一的标准，数据信息的收集主要通过机构或学校上报，真实性有待考察。管理机构和学校在评价过程中，上报的数据很多时候跟政绩考核或争取资助挂钩，以汇总数据或平均数据为主，导致评价中收集的教育信息化相关数据是放大或缩小后的，反应的是集中量数，离差程度无法体现，在一定程度上会影响决策。

5．基础教育数据信息系统和平台构建不完善，缺乏基于大数据分析的理念与技术支撑

现有监测属于静态、后置、总结性评价，缺乏动态、科学的监测手段，平台和数据处理方式不严谨，导致教育信息化决策依据不充分。大数据的核心在于数据采集的全面与专业数据处理和分析，目前的评估、督导等现状明显不具备这些特质。与美国等发达国家大数据技术成熟、数据调查统计平台强大相比，我国当前的教育数据信息系统和平台构建还不是很完善，各类大型的教育数据调查和统计较少，大数据相关的技术资源也比较薄弱，区域间技术资源分布不均，很多地方教育机构缺乏必要的大数据应用的基础设施建设。例如，某些学校压根没有学生信息系统和在线教育平台，也就无法提及教育数据挖掘和学习分析基础数据。

## 二、汉中市基础教育信息化评估现状

汉中市信息化评估工作是比较积极的。汉中市基础教育信息化评

估从 2002 年启动至今，每年都能够坚持进行一定系统化程度的教育信息化评估工作，这项专项评估的坚持开展对于推进汉中市基础教育信息化的发展起到了重要作用，每一年的评估工作都是有一定的标准和依据。汉中市基础教育信息化评估是汉中市教育部对各县区年终专项考核的重点，一般由教育局和相关部门联合下发关于对全市各县区基础教育信息化进行年度检查评估的通知，附有详细的评估方法评估内容和评估标准。由汉中市督导室、汉中市教育信息化管理中心（原汉中市电化教育馆）以及各县区电教中心主任等相关人员组成评估检查组。

近年来，汉中市基础教育信息化的建设工作迅速发展，使其评估也取得了一定的成绩，评估体系指标较为先进，对其评估的准则随着其信息化程度与实际情况而改变。在评估工作过程中也出现了一些弊端，如忽略了评估工具的信息化，评估指标不够具有针对性，评估工作动态监测有待加强等问题。

1. 评价监控已逐步展开，但动态监测仍未启动

一方面，对基础教育信息化的监控主要以评价基层电教机构与基础教育学校的方式展开，而评价也只是对已产生的教育信息化相关数据进行汇总，缺乏趋势分析与预测。理想状况应该是通过监测系统，可以随时了解基础教育信息化的实际情况，能够掌握更真实的数据信息，这样才能更好地做好基础教育信息化的宏观管理，做好趋势分析。

另一方面，评价方式主要通过上级部门下达的相关指标进行考核，辅助听取工作汇报、查阅资料、听课评课等传统定性评价方式来进行，收集数据主要通过各基层学校层层上报的报表形式为主，真实性有待考证；数据也具有一定的滞后性，缺少对具体学校的实时动态监测数据；收集的数据也以静态文本为主，缺少音视频等动态数据。

基础教育信息化评估的理念是评估工作进行的科学依据。汉中市基础教育信息化评估拥有一定的评估标准和评估方式去开展评估工作，评估的目的是为了促进基础教育教育信息化的发展，更好地将信息技术与学科的整合，紧跟国家创新融合要求。

汉中市基础教育信息化评估在实践中忽略了动态监测工作。该市的基础教育信息化每年评估一次，但没有实施对于其评估对象的动态

监测，一次评估的结果拿来数据分析并不能准确反映出教育信息化的现状：因为基础教育信息化正处在一个日新月异的变化发展期。比如一次评估工作刚刚过后，有些学校引入一些硬件设备，那么这个评估只能是对于之前的信息化建设现状的评价。再比如有的学校在评估前刚引入一批信息化教学设备，但并没有在评估时运用到教学过程中，那么这个评估结果也并不是很准确，在评估工作进行中难免有学校为了应付"评估过关"而临时做出一些措施。因此，要尽量使评估结果更加准确，汉中市发展基础教育信息化动态监测就显得很有必要了。

2．地方性评估指标有待进一步完善

我国基础教育信息化评估指标体系是在参考借鉴了国内外大量相关评估指标的基础上总结出来的，很多专家都对此做了研究。一般来说其包括管理与投入、基础设施建设、教学资源建设、人才队伍建设、教师信息素养以及学生信息化能力等方面。到目前为止，从国家到省、市、县区，还缺乏一个比较科学且具有可操作性的动态监测体系。

汉中市较早对县区电教中心和基础教育学校展开了评估，评估体系前后也多次发生了变化。汉中市基础教育信息化评估维度主要包括：县区教育信息化及制度建设、县电教中心建设与管理、信息化管理及网络硬件建设、平台资源建设应用、信息化培训、课题研究及竞赛以及教育宣传等诸多方面。汉中市基础教育信息化评估的标准每年都会依据国家信息化方向结合实际情况而改变。我国基础教育信息评估指标体系是在参考和借鉴了国内外大量相关评价指标的基础上，结合一线信息技术教师的预调研和多轮专家会议研讨得来的，最终确立的指标体系如表 5.1 所示。评价指标体系包括 6 个一级指标，20 个二级指标，77 个三级指标[①]。

---

① 于学凤．唐山市基础教育信息化应用现状与策略研究[D]．石家庄：河北师范大学，2014．

表 5.1　基础教育信息化评估指标体系表

| 评价指标体系 | | | | | |
|---|---|---|---|---|---|
| 管理与投入（A） | 基础设施建设（B） | 教学资源建设（C） | 人才队伍建设（D） | 教师信息素养（E） | 学生信息化能力（F） |
| 组织规划（A1） | 教学装备建设（B1） | 教学资源数量（C1） | 信息化专职教师（D1） | 教师信息技术的培训（E1） | 知识与情感（F1） |
| 制度建设（A2） | | | | 教师对信息技术的理解能力（E2） | 基本操作能力（F2） |
| 维护管理（A3） | 校园网络建设（B2） | 建教学资源（C2） | 信息化管理（D2） | 教师信息技术的操作能力（E3） | 信息获取、分析、加工能力（F3） |
| 经费投入（A4） | | | | 教师在信息环境下进行的教学设计能力（E4） | 利用信息技术促进学习的能力（F4） |

　　汉中市基础教育信息化评估指标建立在我国基础教育信息化评估指标基础上，为评估结果的全面性奠定了一定基础。汉中市基础教育信息化评估标准体现了个性特点，因此市直属学校教育信息化评估标准和各个县区学校的评估标准是不一样的，有些县区学校的信息化评估结果不一定比直属学校差，甚至有的已经超越了直属学校。如果再用原来固化的县区评估标准去衡量，则难以拥有较为准确的评估结果，这不但不能为以后长期的信息化建设带来便捷，反倒有可能使其发展方向出现偏差，并不能真正起到基础教育信息化评估应有效果，所以不应该"一刀切"，不能以一个标准去衡量。

　　3．评估方法和模式多样化，但缺乏基于大数据的评估平台

　　目前对于汉中市基础教育信息化评估主要采用的方法是深入县区所属中小学的方式进行。对于管理与组织指标主要有查资料、查记录、查工作记录、查制度、实地考察、查档案、听汇报、看具体的硬件设施等方法；对于硬件设施评估的方法主要有实地考察，设备量，是否拥有规范的校园网等；对于资源建设主要评估方法有、实地察看、查

记载等方式；对于教学应用主要评估方式有查资料、查记录、走访、听课、抽查教师使用信息设备情况；对于教学效果，以及举办各种教学创新研究。

汉中市基础教育信息化评估采用的评估模式主要由自评和教育部门评估相结合，这样能够在一定程度上保证评估的可靠性。自评是当评估文件下发后各个县区学校根据下发文件要求及评估标准，结合自己实际情况给予自己一个较为合理的评价，继而汉中市教育部和有关部门组织实地考察等评估，最终将两者评估结果进行合理汇总。这种评估模式比较合理与科学，能够在一定程度上避免一些评估团体的主观因素带来的偏差。评估工作的进行是比较烦琐的，虽然汉中市基础教育信息化评估方法和模式比较多样，虽然具有一定的准确率，但缺乏信息化工具的使用，往往需要大量的人力财力，评估效率有待提高。

4．进行了评估总结通报，但反馈不够细致，对学校的针对性不强

汉中市基础教育信息化评估工作完结之后一般有一个汇报环节，内容是各个县区学校的信息化建设情况，其评估工作带来的评估反馈，也就是在评估后发现的问题总结得较为全面。2017 年度该市教育信息化评估存在的现状为：创新机制，信息化环境取得突破发展，深化应用，信息化教育教学实现深度融合。注重培养，信息化队伍素养得到整体提升，积极参与，信息化科研活动发挥示范引领。

每年评估工作都会进行一个总结通报，但各级对于评估反馈处理不够细致，对学校的针对性不强，往往只是停留在评估结果这一步，停留在总结汇报这一层，这样一来评估效果也就会大打折扣了。

5．动态监测研究刚刚起步，还未引起足够重视

通过查阅文献资料可知，对于教育监测的研究，目前主要集中在教育质量方面，而对教育信息化监测的研究少之又少。对于"基础教育信息化监测体系"的研究，笔者参考了中国知网平台近五年的论文资料。从内容上看，大多数研究是针对基础教育信息化展开的，其中与"监测体系"有关的主要是针对基础教育质量展开的；目前对于"基础教育信息化评估监测"的相关研究比较有代表性的是华中师范大学的吴砥教授所带的团队——这肯定不够——还需要更多的研究力量加入进来，共同

推进基础教育信息化的动态监测工作。

## 三、基础教育信息化动态监测

### （一）基础教育信息化动态监测的原则

#### 1．绩效原则

通过监测，搜集、分析数据，发现问题，促进教育信息化的规划、制度、环境等建设，促进现代教育媒体与管理、教育教学活动的深度融合，发挥教育信息化在实现教育现代化中的引领作用。

#### 2．大数据原则

教育信息化是一个系统工程，涉及政策、体制、人员、设备、应用等多种数据，信息背后和信息之间也隐藏着更多的信息。目前主流软件工具无法实现挖掘数据背后的信息，必须由专业人员进行深度分析，才能真正发挥数据的反馈、监测作用。因此，教育信息化的监测采用专业的数据采集、处理是教育现代化的必然趋势。

#### 3．第三方监测原则

《国家中长期教育改革和发展规划纲要》中指出，要"促进管办评分离"，因此"政府管教育、学校办教育、社会评教育"是教育治理的方向，也是实施教育信息化监测的重要原则。监测应由高等学校或专业调查公司主体承担，也就是应进行第三方监测教育信息化的尝试。

#### 4．动态性原则

教育信息化建设是一个不断发展、不断创新的过程。在这个过程中，教育信息化设备在不断更新升级，环境不断在优化，管理活动的绩效、应用领域、方式、信息素养不断在提升，一切都处在不断变化之中。我们需要准确掌握变化情况、规律、趋势，使教育信息化管理决策更加客观、科学、有效。

### 5．信息采集多元化原则

数据采集既要重视利用传统的各级电化教育部门数据，更要重视教师、家长、学生们等教育参与者提供的信息；既要重视围绕监测指标体系采集的数据，还要重视教育信息化规划、文件、总结、专项评估等信息；既要重视电子媒体信息，还要重视纸质媒体信息；既要通过数字系统采集的信息，还要重视访谈信息等。

### 6．科学化原则

保证监测信息采集的准确性、代表性、全面性同时，应由具有专业素养、相对独立的第三方对采集的各类信息，运用科学的数据分析技术进行数据分析，提供分析报告，为评价、决策提供客观依据。

上述原则既是教育信息化监测的基本要求，也是"监测"与各类"评估"的重要区别。

## （二）实施基础教育信息化动态监测的建议

### 1．加大宣传与培训，加深对基础教育信息化监测本质的科学理解

要高度重视教育信息化监测的必要性。监测是指通过对影响事物发展的代表因素进行实时测定，及时发现事物发展中存在的问题并给予解决，以掌握事物发展现状及变化趋势的过程。教育信息化监测涉及教育信息化实施过程中的各种要素和环节，比如，信息化设施建设、信息化资源建设、信息化师资水平、基础教育信息化管理，等等。

《国家中长期教育改革和发展规划纲要（2010—2020年）》指出："要构建国家教育管理信息系统，推进政府教育管理信息化，积累基础资料，掌握总体状况，加强动态监测，提高管理效率，为宏观决策提供科学依据。"随着教育信息化的发展，我国基础教育信息化发展已处于重要战略机遇期。面对新时代对教育的新要求，基础教育承载着人民群众受教育权益从"有学上"转向"上好学"的希冀，面临着提高质量、促进个性发展与推进社会公平发展的新挑战。由于我国基础教育面大量广，热点、难点问题较多，城乡间、地区间发展出现了很多不均衡现象，客观评价区域基础教育信息化发展水平，对准确把握后续区域基础教育信息化工

作重点有重要的现实意义。加强对基础教育信息化的监测是对区域基础教育信息化综合发展水平实施客观评价的重要前提，通过对基础教育信息化的监测，可以帮助我们全面了解基础教育信息化的实际情况，及时发现问题，深入分析原因，这对基础教育信息化可持续发展与建设具有重要的价值和意义。

因此我们说，监测不是要给哪一个学校、哪一个电教机构以定性的评价，而是要通过监测得到一些数据信息，通过数据信息来分析我们国家基础教育信息化发展的现状，相关教育行政部门应该有针对性地采取哪些措施等。

2．明确基础教育信息化监测的核心要素，制订操作性强的实施方案

基础教育信息化监测涉及的要素较多，其核心要素包括：

监测主体：依据"第三方监测原则"，由省内高校、调查公司、教育信息化企业等具有数据处理技术和设备的单位承担监测任务。

监测对象：基础教育（含学前教育）各学校、幼儿园；省、市、县（区）电教机构。

监测内容：主要围绕基础教育信息化管理、设施环境建设、资源建设、队伍建设、信息化水平与应用、学生信息化学习能力与应用、效果等。

信息分析内容：根据教育现代化及教育信息化未来发展的需要，以中小学教育信息化的感知信息和统计信息为基础，采用各种分析方法，对教育信息化的要素及其相关的社会、经济、文化现象进行综合的、动态的描述、评价、预测。具体来讲，重点分析教育信息化各要素数据的集中程度、离散程度、各要素间的相关程度等，以发现区域内基础教育信息化的水平、均衡程度、发展规律和趋势等。

监测方式及信息来源：以区域基础教育学校教育信息化监测体系采集的基本数据为主，辅之以其他方法。主导方式主要依托网络，通过开发专业的软件平台和统计分析软件系统进行监测。辅助方式则是监测组织者提供的各类统计信息、抽样研究数据、访谈数据等。

3．由教育部牵头搭建大数据监测平台系统，确保监测的统一与规范

首先，动态监测工作最好由教育部牵头，依托"三通两平台"，搭建

大数据监测系统平台，做好全国范围内的"监测"工作，以确保数据的规范性与信息的统一性，这也有助于教育部针对基础教育问题进行科学决策。其次，做好监测体系的长远规划，构建基于大数据的基础教育信息化监测体系，实施数据信息的动态收集，实现基础教育信息化发展的趋势分析、展望预测。第三，与传统监测手段相结合，实施各类大型教育数据调查和统计，构建比较全面和系统的教育数据库，为大数据在教育中的应用奠定技术和平台基础。

4．加强对监测过程的控制，保证监测数据的真实可靠

监测的组织者为各级电教机构，具体实施者为高校、专业公司等第三方监测者。对中小学、幼儿园的监测，应由其上级电教机构组织，以协议合同的方式确立各自职责。

监测过程：由监测者通过填写的监测数据信息、电子邮件、调查访谈、现场考察、查阅资料等方式搜集数据，提交监测报告。监测结果处理：由监测者将监测报告提交给监测工作的组织者。组织者应向教育管理部门、上级电教机构汇报监测过程及其结论，附监测报告，并依据监测结论改进教育信息化工作。

5．明确任务分工，提高监测工作的保障力度

对政府而言，教育信息化监测是政府的重要职责，但实施工作可以委托给第三方，重在科学性、客观性。管理者应从体制、经费、人员等方面保障此项工作。

对各级电教机构而言，要统筹安排监测工作，并对第三方监测工作提供支持和配合，对监测者提供的监测报告应严肃对待，并作为推进教育信息化工作的重要依据。

对监测者而言，也要高度重视教育信息化监测的专业能力提升。各高等学校，特别是承担教师教育任务的地方高校，应将本工作作为高校服务地方教育事业的具体表现。有关高校可以依托相关学科专业，成立"教育信息化监测"研究与服务机构；要鼓励本校相关部门、教师参与竞标，并从科研政策、时间精力、研究条件等方面提供支持。建议将教育信息化监测任务纳入科研项目管理，进行支持与监督。具有承担教育信息化监测能力的其他社会机构、产业公司，也要发挥自身数据处理技术

优势，不断研究教育信息化的特点，积极参与监测活动，提供高质量的监测报告，实现多赢。

## 四、大数据支持下的基础教育信息化评估

基础教育信息化评估工作不可或缺。在基础教育信息化发展过程中发现问题是为了促使信息化建设能更好适应当下社会的教育环境。汉中市基础教育信息化评估现状中发现了一些问题，如基础教育信息化评估的动态监测有待加强，缺乏信息化评估工具的开发、利用及其指标体系中地方性评估指标有待完善，缺乏评估反馈的改进监督，等等。发现问题应该想方设法去解决问题，把我们的工作逐步推向前去。具体措施有：加强对基础教育信息化评估的动态监测，对于体系中的评估指标进行进一步改善优化，有效地进行开发和利用信息化评估工具，在评估工作进行中重视反馈以及对学校信息化发展的不足进行专门督促等。

### （一）基础教育信息化评估的必要性

随着基础教育信息化程度日益加深，信息化建设过程和应用实践中慢慢暴露出了一些问题。这需要我们科学合理地评估各学校或教育机构的信息化现状，诊断分析其薄弱环节。基础教育信息化评估的目的就是为了发展教育信息化，发现基础教育信息化过程中出现的问题，对相应的问题提出合理化建议。基础教育信息化的评估不仅可以为基础教育信息化的发展提供科学依据，对于基础教育信息化应用的效率也具有一定的促进作用，还可以在一定程度上削弱区域教育信息化的不平衡性问题。

1. 提出基础教育信息化发展的科学依据

基础教育信息化评估对于基础教育信息化发展具有巨大的推动作用。基础教育信息化评估是对基础教育信息化情况根据一定的评估准则进行分析和价值判断，得出总结性的结论并给出一定发展建议的工作。

将基础教育信息化在一定的评价准则要求基础上合理选择评估的方法和模型，再将评估后的静态数据和多方面指标进行综合分析，可以对

基础教育信息化现状有一个合理准确的评价,继而提出相应的应对策略,从而对未来基础教育信息化的发展提供科学依据，提高基础教育信息化的发展效率。

### 2．促进基础教育信息化硬件环境的进一步完善

基础教育信息化评估相当于用一把尺子去衡量出基础教育信息化的优势与不足。教育信息化的建设是在一定的硬件设备基础上去发展的，所以基础教育信息化的硬件建设仍然不能松懈。基础教育信息化评估应结合一定的评估标准以及教育教学需要，去促进基础教育信息化硬件环境进一步改善。

### 3．提高基础教育信息化应用效率

随着信息技术在教育教学中的广泛应用，教育信息化飞速发展，"线上+线下"课程、微课等快速出现，不仅使各个学校间能更好地进行教学交流，在一定程度上还有效地提高了教学效率。而现实中，花费巨额资金所建设的校园网，大部分还是未能发挥其大的效能，这就形成资源的浪费。基础教育信息化的教学应用效率仍有待提升，硬件设施有待完善，教师的信息素养能力、学生的信息素养能力都有待提高，整个教学过程中对于信息技术的应用还不够充分，这些都将可能对教育信息化的发展产生阻碍。

### 4．促进区域教育信息化均衡发展

近年来，我国的教育信息化得到一定的发展，在信息化资源建设和基础设施建设方面取得了一定的成果,但区域发展不均衡情况仍较突出，城市教育信息化建设水平与乡镇教育信息化水平相差比较大。教育信息化评估不是一蹴而就的事情，需要持续开展，伴随教育信息化发展的始终。同时，教育信息化评估也是一项重要而复杂的任务，为教育信息化有序发展建立正确的导向①。基础教育信息化评估就是对发展给予一定的反馈，进一步将最终的落脚点放在对基础教育信息化效率的提升、缩小城市与乡效率存在的差异上，使基础教育信息化能够科学合理全面的

---

①李青，周艳. 基于可视化方法的教育信息化评估元研究[J]. 现代远程教育研究，2016（6）: 93-102.

发展。根据评估所得到的静态数据，动态地进行问题分析，讨论区域基础教育信息化未来发展的方向以及提出建议，为缩小区域教育信息化的差距奠定基础。

## （二）大数据支持下的基础教育信息化评估建议
### ——以汉中市为例

1．加强对基础教育信息化评估动态监测的认知

汉中市基础教育信息化评估工作方式是相对比较传统的：每年进行一次评估工作，以这一次的评估工作去衡量判断其信息化水平。但这样的工作方式只重视最终的评估结果，而忽略了其评估之前以及评估之后的信息化建设情况，难免不够准确。

汉中市基础教育信息化是一个动态性的、发展性的状态，因此要以动态的发展性的眼光去看待其信息化建设的状况，不能以偏概全。以一次评估工作去判定其信息化建设显然有点不够科学,应该去"以动评动",要加强对汉中市基础教育信息化评估的动态监测,比如不定期进行评估,增加评估次数,或者基于教育信息化网络平台去监测等。

2．及时更新与优化基础教育信息化评估指标，提炼地方特色性评估
指标

教育信息化还具有基础性、滞后性、不平衡的特征[1]。因此，基础教育信息化评估应充分考虑教育信息化的特点，兼顾合格性评估、诊断性评估、形成性评估和综合性评估，选用的方法不仅要保证评估结果的科学性，还要注重可用性和实用性[2]。同时，还要考虑汉中市基础教育信息化是一个具有动态性的发展变化过程，所以在完善和优化汉中市基础教育信息化评估指标体系时，应留有一定的空间，以适应其变化趋势与发展动态，良性提升汉中市基础教育信息化建设的质量。

---

① 陈敏,范超,吴砥,徐建,王娟.高等教育信息化应用核心评估模型研究[J].中国电化教育，2017（3）：50-57.
② 李青，赵欢欢，潘能喜.基于成熟度模型的中小学校教育信息化发展水平评估指标体系研究[J].北京邮电大学学报(社会科学版),2017,19(1):94-102.

汉中市基础教育信息化评估指标缺乏地方性评估指标。建议其进一步优化评估指标，及时增加有本地区基础教育信息化特色的评估指标，进而更真实更有效地进行了评估，更准确地对汉中市基础教育信息化有一个全面评价。在制订评估指标时应遵循一定的原则，如科学性、可行性。此外，要带着动态发展的理念去优化汉中市基础教育信息化评估指标体系，以适应其变化的趋势与发展的动态，提炼地方特色性评估指标，借助平台，下放权限，由学校提交和凝练特色，以确保更客观地对汉中市基础教育信息化有一个全面评价，准确地把握区域教育信息化的发展脉络。

3．依托大数据平台，提高评估效率与准确度

进行传统的基础教育信息化评估工作需要大量人力、财力，长期采用这种评估方式开展基础教育信息化评估工作并不实际。评估工具的智能化不仅能够节约人力、财力，还能更加准确有效，进而有效提高基础教育信息化评估效率。利用政府的宏观调控政策引入先进的技术人员进行开发、利用评估工具是一个能有效促进评估工作有序进行的手段。大数据能让评估工作化繁为简，能进一步促进基础教育信息化的发展，比如开发基于某信息化教育的平台去进行评估工作等。评估工具的智能化在一定程度不仅提升了教育信息化评估工作效率，还促进了教育信息化的发展。汉中市在此理念引导下，积极规划与探索了依托"学在汉中"智慧教育云平台的基础教育信息化大数据评估模式，效果良好。

4．借助大数据理念，重视评估结果的科学反馈，确保评估效用

汉中市基础教育信息化评估工作后的汇报工作是对于阶段性评估工作的一个总结，也是对于评估工作进行问题解决的良好契机。但由于汇报更注重整体情况的说明，个别差异体现不足（甚至忽略）且汇报结束后评估组并未针对各个县区的学校问题提出具体改进意见，或者说并没有告知其信息化建设过程中出现需要改进的方面，以至于评估工作只是"评估"，而未形成真正意义上的促进作用。

基础教育信息化评估的目的就是为了能让其发展信息化过程中出现的问题不断的改进，进而促进教育信息化的发展，更好地服务于教育事

业。评估工作完结后的反馈工作更是重中之重。教育部门及相关评估组织在进行评估工作之后，更要去督促评估对象针对问题予以改进。借助教育大数据平台不仅能够节约评估人力、财力，还能更加准确有效得出评估数据，进而有效提升基础教育信息化评估效率，因此利用政府的宏观调控政策引进第三方技术平台不失为一个解决办法。在这些平台上，应设置有数据分析与可视化功能，可以允许、保证一线学校与县区管理部门看到本地基础教育信息化的基本概况，同时也能与兄弟县区进行对比和互相借鉴。

基础教育信息化的不断发展离不开相关评估工作。建立科学合理的教育信息化评估体系能够客观反映与科学预测教育信息化发展的现状和发展趋势，有助于管理者更快、更准确地掌握基础教育信息化发展进程。

5．提供多方位的保障，确保评估有序开展

一方面要提高认识，加强领导。教育管理部门是教育信息化监测的领导者。在思想上要高度意识到教育信息化监测的重要性，科学认识监测与其他评价的区别；在组织上，应成立由分管基础教育的领导担任组长的领导小组，组织、协调、保障、监督教育信息化监测工作；在经费上，应将基础教育信息化监测经费列入年度经费开支预算。

另一方面应尊重评估科学，注重评估实效。各级电教机构统筹安排监测工作，对第三方监测者提供支持；对监测者提供的监测报告严肃对待，将之作为推进教育信息化工作的重要依据。各高等学校，特别是承担教师教育任务的地方高校，要将评估工作作为高校服务地方教育事业的具体表现，有关高等学校可以依托相关学科专业，成立"教育信息化监测"研究与服务机构；要鼓励本校相关部门、教师参与竞标，并从科研政策、时间精力、研究条件等方面提供支持，建议将教育信息化监测任务纳入科研项目，进行管理、支持、监督。具有承担教育信息化监测能力的其他社会机构、产业公司，也要发挥自身数据处理技术优势，研究教育信息化的特点，积极参与监测，提供高质量的监测报告，及时反馈，以帮助教育有关部门及时做出优化和调整。

评估是一项复杂工作，笔者对汉中市基础教育信息化现状把握还不够，对基础教育信息化监测研究展开也不足，还有不少后续问题有待于进一步研究。随着基础教育信息化的不断发展，基础教育信息化评估也会随之加强，进而服务于基础教育信息化的建设工作。

基础教育信息化的提高有赖于基础教育信息化评估工作的深入。要建立科学合理的教育信息化评估体系，确保监测能够反映教育信息化发展的现状和水平。在评估体系中要引入信息化发展阶段理念更有助于实现评估体系的评价功能和建议功能，促进信息化快速健康的发展。评估反馈的结果可以反映出基础教育信息化存在的问题，据此可以给出科学合理的建议，促进教育信息化建设工作的进一步提升。

# 参考文献

[ 1 ]　莱斯利·P.斯特弗，杰里·普尔. 教育中的建构主义[M]. 高文，徐斌艳，程可拉，等译. 上海：华东师范大学出版社，2004.

[ 2 ]　徐晓东. 信息技术教育的理论与方法[M]. 北京：高等教育出版社，2004.

[ 3 ]　黄荣怀，周跃良，王迎. 混合式学习的理论与实践[M]. 北京：高等教育出版社，2006.

[ 4 ]　杨宗凯，吴砥，陈敏. 新兴技术助力教育生态重构[J]. 中国电化教育，2019（2）：1-5.

[ 5 ]　管珏琪，陈渠，祝智庭. 信息化教学创新：内涵、分析框架及其发展[J]. 现代教育技术，2018，28（12）：21-27.

[ 6 ]　祝智庭，魏非. 教育信息化 2.0：智能教育启程，智慧教育领航[J]. 电化教育研究，2018，39（9）：5-16.

[ 7 ]　祝智庭，彭红超，雷云鹤. 智能教育：智慧教育的实践路径[J]. 开放教育研究，2018，24（4）：13-24+42.

[ 8 ]　刘名卓，祝智庭，童琳. 教育信息化服务标准体系框架研究[J]. 现代远距离教育，2018（4）：28-35.

[ 9 ]　杨宗凯. 基础教育信息化 2.0：科技促进教育创新发展的中国路径[J].中小学数字化教学，2018（4）：23-25.

[10]　杨宗凯，吴砥，郑旭东. 教育信息化 2.0：新时代信息技术变革教育的关键历史跃迁[J].教育研究，2018，39（4）：16-22.

[11]　杨宗凯. 以信息化全面推动教育现代化:教育技术学专业的历史担当[J]. 电化教育研究，2018，39（1）：5-11+35.

[12]　祝智庭，雷云鹤. STEM 教育的国策分析与实践模式[J]. 电化教育研究，2018，39（1）：75-85.

[13] 杨宗凯. 大数据驱动教育变革与创新[J]. 大数据时代，2017（5）：6-9.

[14] 刘三女牙，杨宗凯，李卿. 教育数据伦理：大数据时代教育的新挑战[J]. 教育研究，2017，38（4）：15-20.

[15] 祝智庭，孙妍妍，彭红超. 解读教育大数据的文化意蕴[J]. 电化教育研究，2017，38（1）：28-36.

[16] 杨宗凯. 推进信息技术与教育的深度融合[J]. 中国教育学刊，2016（11）：151.

[17] 杨宗凯. 提升信息化领导力 促进高校教育教学创新发展[J]. 中国教育信息化，2016（13）：19-23.

[18] 吴砥，余丽芹，李枞枞，吴磊. 教育信息化评估：研究、实践与反思[J]. 电化教育研究，2018，39（4）：12-18.

[19] 李枞枞. 基础教育信息化发展水平评估研究[D]. 武汉：华中师范大学，2018.

[20] 刘凤娟. 基于信息技术的区域义务教育均衡发展途径探究[J]. 陕西理工学院学报：社会科学版，2014（2）：91-94.

[21] 肖钠. 教育信息生态化分析及其构建研究[J]. 图书馆学刊，2011（6）：4-6+14.

[22] 赵晓翠. 生态学视角下农村基础教育信息化环境建设研究[D]. 郑州：河南大学，2014.

[23] 王娟，吴永和. "互联网+"时代 STEAM 教育应用的反思与创新路径[J]. 远程教育杂志，2016，（2）：90-97.

[24] 黄荣怀，刘晓琳. 创客教育与学生创新能力培养[J]. 现代教育技术，2016（26）：15-16.

[25] 李卢一，郑燕林. 美国社区创客教育的载体——社区创客空间的发展动力、功用与应用[J]. 开放教育研究，2015（5）：41-48.

[26] 汪基德. 从电化教育到信息化教育——学习《国家中长期教育改革和发展规划纲要（2010-2020）》之体会[J]. 电化教育研究，2011（9）：5-10+15.

[27] 姜强，赵蔚，李松，王朋娇. 个性化自适应学习研究——大数据时代数字化学习的新常态[J]. 中国电化教育，2016（1）：25-32.

[28] 马坤隆. 基于大数据的分布式短期负荷预测方法[D]. 长沙：湖南大学，2014.

[29] 严月娟. 美国信息技术与学科教学的深度融合及启示[J]. 教学与管理，2014（3）：21-24.

[30] 刘杭，陈芳芳. 创客教育的理念、空间建构与趋势展望[J]. 中国教育技术装备，2015（16）：12-14.

[31] 钟柏昌. 谈创客教育的背景、本质、形式与支持系统[J]. 现代教育技术，2016（6）：13-19.

[32] 钟柏昌. 学校创客空间如何从理想走进现实[J]. 电化教育研究，2015，（6）：73-79.

[33] 刘凤娟. 大数据的教育应用研究综述[J]. 现代教育技术，2014（8）：13-19.

[34] 王文君，王卫军. 国际视野下的教师信息化教学能力趋向[J]. 电化教育研究，2012（6）：112-116.

[35] 赵健. 信息化教学能力研究综述[J]. 现代远距离教育，2010（4）：28-31.

[36] 李天龙. 大学青年教师信息化教学能力发展途径探析.[J]. 电化教育研究，2011（12）：106-120.

[37] 赵建华，姚鹏阁. 信息化环境下教师专业发展的现状与前景[J]. 中国电化教育，2016（4）：95-105.

[38] 张鑫，杨春耀，李学花. 师范生教育技术能力培养途径探讨[J]. 中国校外教育，2013（3）：41-44.

[39] 刘凤娟，张剑，刘静. 绩效理念下区域教育信息化生态环境建设的研究——以陕西省汉中市为例[J]. 陕西教育（高教），2015（10）：37-38.

[40] 杨现民，李冀虹. 创客教育的价值潜能及争议[J]. 现代远程教育研究，2015（2）：23-34.

[41] 王志强，卓泽林. 美国中小学创客教育的现状、理念和挑战[J]. 比较教育研究，2016（7）：27-31

[42] 陈列. 知识管理视域下地方高校青年教师专业发展的问题与对策

[J]. 当代教育科学, 2015 (23): 30-33.

[43] 李秀伟. 中小学校本研修的改进路向与模型建构[J]. 教育研究, 2012, 33 (7): 36-42.

[44] 朱远平. 教师专业发展核心素养: 内涵特征与内容框架[J]. 教育科学论坛, 2017 (31): 35-38.

[45] 刘德亮. 黎加厚博士谈教育信息化[J]. 中国电化教育, 2002 (1): 3-9.

[46] 王少杰. 区域基础教育信息化发展评估系统的开发与应用研究[D]. 武汉: 华中师范大学, 2017.

[47] 张晨婧仔, 王瑛, 汪晓东, 焦建利, 张英华. 国内外教育信息化评价的政策比较、发展趋势与启示[J]. 远程教育杂志, 2015, 33 (4): 22-33.

[48] 王瑜. 基于成熟度思想的教育信息化评估模型研究[D]. 北京: 北京邮电大学, 2012.

[49] 韩瑞雪. 基础教育信息化教学资源的需求差异分析及建设对策研究[D]. 沈阳: 沈阳师范大学, 2011.

[50] 李青, 周艳. 基于可视化方法的教育信息化评估元研究[J]. 现代远程教育研究, 2016 (6): 93-102.

[51] 于学凤. 唐山市基础教育信息化应用现状与策略研究[D]. 石家庄: 河北师范大学, 2014: 31-33.

[52] 罗诚, 肖安庆. 中小学创客教育的发展现状、内涵与建构策略[J]. 中小学教师培训, 2016 (11): 66-68.

[53] 陈敏, 范超, 吴砥, 等. 高等教育信息化应用核心评估模型研究[J]. 中国电化教育, 2017 (3): 50-57.

[54] 李青, 赵欢欢, 潘能喜. 基于成熟度模型的中小学校教育信息化发展水平评估指标体系研究[J]. 北京邮电大学学报 (社会科学版), 2017, 19 (1): 94-102.

[55] 祝新宇, 曾天山. 义务教育学校信息化发展状况监测指标研究[J]. 中国电化教育, 2018 (9): 56-60+80.

[56] 赵晓声. 县域义务教育信息化均衡发展指标体系与监测方法研究

[D]. 西安：陕西师范大学，2018.

[57] 米传广. 呼和浩特市中小学教育信息化评价研究[D]. 内蒙古师范大学，2018.

[58] 方佳诚. 中日基础教育信息化的比较研究[J]. 中小学教师培训，2018（5）：68-73.

[59] 王欣. 农村小规模学校信息化建设调查研究[D]. 长春：东北师范大学，2018.

[60] 徐建，吴砥，陈敏，吴磊. 区域教育信息化发展水平评估系统设计与实现[J]. 现代教育技术，2018，28（2）：120-126.

[61] 张红艳，赵国栋，张瑞. 中国与"一带一路"沿线国家基础教育信息化发展的比较研究[J]. 中国电化教育，2017（12）：41-52.

[62] 尉小荣，吴砥，余丽芹，饶景阳. 韩国基础教育信息化发展经验及启示[J]. 中国电化教育，2016（9）：38-43.

[63] 周虹. 农村中小学教育信息化建设问题及路径探析[J]. 教师教育论坛，2016，29（8）：21-24.

[64] 吴砥，李枞枞，周文婷，卢春. 我国中部地区基础教育信息化发展水平研究——基于湖北、湖南、江西、河南、安徽 5 省 14 个市（区）的调查分析[J]. 中国电化教育，2016（7）：1-9.

[65] 卢春，尉小荣，吴砥. 教育信息化绩效评估研究综述[J]. 中国电化教育，2015（11）：62-69.

[66] 卢春，李枞枞，周文婷，吴砥. 面向区县层面的教育信息化绩效评估及其影响因素实证研究——以东部 S 市为例[J]. 中国电化教育，2015（3）：67-74.

[67] 王喜东，路兆铭，赵君. 面向"三通两平台"的教育信息网络建设[J]. 电脑知识与技术，2015（7）：193-195.

[68] 杨宗凯. 促进信息技术与教育深度融合[N]. 中国教育报，2016-08-27.

[69] 宋万明，王清泉. 以"三通两平台"建设为目标全力推进教育信息化进程[J]. 中国教育技术装备，2013（17）：28-30.

[70] 祝智庭，管珏. 我国基础教育信息化新发展：从"班班通"到"教

育云"[J]. 中国教育信息化，2011（14）：4-8.

[71] 王珠珠. 整合创新："三通两平台"推动教育变革[J]. 中小学信息技术教育，2013（5）：10-13.

[72] 吴应宝. 教育信息化"三通两平台"应用的问题与对策[J]. 福建教育学院学报，2017，18（6）：99-101.

[73] 宋鲁娜. 内蒙古地区"三通两平台"建设与应用现状调查研究[D]. 呼和浩特：内蒙古师范大学，2017.

[74] 朱奇峰. 教育信息化：三通两平台之网络学习空间（人人通）理论分析[J]. 教育实践与研究（C），2017（1）：53-57.

[75] 陈金兵. "三通两平台"推进策略研究[D]. 西安：西北大学，2016.

[76] 冯建军. 优质均衡：义务教育均衡发展的新目标[J]. 教育发展研究，2011（6）：1-5.

[77] 陈海东. 信息技术促进教育优质均衡发展：内涵、案例与对策[J]. 中国电化教育，2010（27）：35-38.

[78] 苌景州. 建立有利于义务教育均衡发展的资金保障体系[J]. 贵州社会科学. 1994（1）：47-50.

[79] 古炳玮. 义务教育均衡发展研究现状及趋势分析[J]. 大学教育. 2013（4）：22，37-39.

[80] 董奇. 心理与教育研究方法[M]. 北京：北京师范大学出版社. 2010.

[81] 陈霜叶，孟浏今，张海燕. 大数据时代的教育政策证据：以证据为本理念对中国教育治理现代化与决策科学化的启示[J]. 全球教育展望，2014（2）：121-128.

[82] 张燕南，赵中建. 大数据时代思维方式对教育的启示[J]. 教育发展研究，2013（21）：1-5.

[83] 吴永和，陈丹，马晓玲，等. 学习分析：教育信息化的新浪潮[J]. 远程教育杂志，2013（4）：11-19.

[84] 张铁道，殷丙山，蒋明蓉. 2014地平线报告：简单地利用新技术是不够的[N]. 中国教育报，2014-04-30.

[85] 何克抗. 教育信息化是实现义务教育优质、均衡发展的必由之路[J].

现代远程教育研究，2011（4）:22-30.

[86] 何克抗. 推进义务教育优质均衡发展的新思路[J]. 基础教育参考，2010（7）:16-27.

[87] 何克抗，余胜泉，吴娟，等. 运用信息化教学创新理论大幅提升农村中小学教学质量促进教育均衡发展研究[J]. 电化教育研究，2009（2）:37-39.

[88] 桑新民，郑文勉，钟浩梁. 区域教育信息化的战略思考[J]. 电化教育研究. 2005（3）: 8-11.

[89] 张剑. 多管齐下构建区域信息化生态环境[J]. 中国电化教育，2013（1）: 126-128.

[90] 彭红光，林君芬. 以信息化促进义务教育均衡发展的机制和策略[J]. 中国电化教育，2010（10）: 18-21.

[91] 丁金泉. 我国义务教育均衡发展问题研究[D]. 上海：华东师范大学，2005.

[92] 师玉生. 县域义务教育均衡发展的现状与对策研究[D]. 兰州：西北师范大学，2011.

[93] 高智源. 县域内义务教育均衡发展研究[D]. 昆明：昆明理工大学，2009.

[94] 梁文鑫. 大数据时代——课堂教学将迎来真正的变革[J]. 北京教育学院学报（自然科学版），2013，8（1）: 14-16.

[95] 刘中宇，刘海良. 大数据时代高校云资源应用[J]. 现代教育技术，2013（7）: 59-62.

[96] 秦小平. 信息技术：义务教育优质均衡发展的助推器[J]. 江苏教育研究，2012（5）: 23-25.

[97] 陈学军. 义务教育优质均衡发展究竟是什么[J]. 教育发展研究，2012（22）: 10-14.

[98] 赵志刚. 信息技术促进教育发展和变革的研究[J]. 教育理论·课程探索，2012（2）: 95.

[99] 周玉霞，张喜艳，杨雪，等. 西部地区教育信息化现状调查研究——以陕西省汉中地区中学为例[J]. 中国远程教育，2010（6）:

54-59+80.

[100] 魏忠，何立友. 大数据：开启面向未来的教育革命[J]. 中小学信息技术教育. 2013（10）：15-17.

[101] 刘凤娟. 基于信息技术的区域义务教育均衡发展途径探究[J]. 陕西理工学院学报（社会科学版），2014（2）：91-94.

[102] 杨妮，熊健杰. 美国高中个性化教育策略及其启示[J]. 教育导刊，2013（1）：50-53.

[103] 黄昏. 我国义务教育均衡发展的历史及走向分析——基于教育政策的视角[D]. 沈阳：沈阳师范大学，2012.

[104] 张渝江. 迎接大数据给教育带来的挑战[J]. 中小学信息技术教育，2013（10）：26-29.

[105] 张韫. 大数据改变教育[J]. 内蒙古教育，2013（17）：26-30.

[106] 刘凡光. 县域义务教育均衡发展问题研究[D]. 苏州：苏州大学，2011.

[107] 王震一. 教育离"信息化"到底还有多远[J]. 中小学信息技术教育，2012（12）：25-26.

[108] 王晓波. 大数据促进教育变革与创新——专访中央电化教育馆王晓芫副馆长[J]. 中小学信息技术教育，2013（10）：10-11.

[109] 张羽，李越. 基于MOOCs大数据的学习分析和教育测量介绍[J]. 清华大学教育研究，2013，34（4）：22-26.

[110] 喻长志. 大数据时代教育的可能转向[J]. 江淮论坛，2013（4）：188-192.

[111] 魏顺平. 学习分析技术：挖掘大数据时代下教育数据的价值[J]. 现代教育技术，2013（2）：5-11.

[112] 姚琪. 大数据在"智慧校园"中的价值研究[J]. 信息网络安全，2013（8）：91-93.

[113] 于长虹，王运武. 大数据背景下数字校园建设的目标、内容与策略[J]. 中国电化教育，2013（10）：30-35，41.

[114] 陈海洋. 科学发展观视野中的基础教育信息化生态失衡[J]. 信息技术教育，2004（10）：23-25.

[115] 张剑. 欠发达地区教育信息化生态环境的构建[J]. 陕西理工学院
学报（社会科学版），2012（2）：81-85.

[116] 孙江娜. 打造信息技术和谐课堂[J]. 新校园（理论版），2013（1）：
19-20.

[117] 王建姝. 优化组合师生互动——浅谈小学信息技术和谐课堂[J].
课程教育研究，2013（24）：4-5.

[118] 王春雷. 信息技术和谐课堂构建之"师徒结对"模式初探[J]. 中
国校外教育（理论），2008（12）：11-13.

[119] 王琨. 魅力十足促和谐——浅谈创设信息技术魅力课堂[J]. 学周
刊 A 版，2013（4）：43-44.

[120] 明庆华, 程斯辉. 论和谐课堂的构建[J]. 中国教育学刊，2006（2）：
16-18.

[121] 樊景博. 论多媒体 CAI 课件的设计与开发[J]. 商洛师范专科学校
学报，2004（6）：3-4.

[122] 海霞. 对构建和谐课堂的冷思考[J]. 教学与管理（理论版），2012
（2）：29-31.

[123] 罗力强, 刘凤娟. STEAM 指导下的中小学信息技术课程教学研究
[J]. 中国信息技术教育，2018（23）：41-44.

[124] 宁丽艳, 刘凤娟. 互联网+背景下高中信息技术教学探究[J]. 中国
教育技术装备，2018（14）：123-125.

[125] 王念新, 葛世伦, 苗虹. 信息技术资源和信息技术能力的互补性
及其绩效影响[J]. 管理工程学报，2012（3）：35-36.

[126] 张静然. 信息技术教师专业发展研究的特征及趋势分析[J]. 中国
电化教育，2013（10）：9-11.

[127] 钟柏昌. 中小学机器人教育的核心理论研究——机器人教学模式
的新分类[J]. 电化教育研究，2016，37（12）：87-92.

[128] 谷政. 农村小学如何开展机器人教学[J]. 启迪与智慧（教育），
2016（10）：69.

[129] 徐靖程. 机器人教育正式纳入北京景山学校必修课程[J]. 中小学
信息技术教育，2016（10）：6.

[130] 王飞，魏景，张红鑫. 以机器人教育培养学生创新能力[J]. 中国科技教育，2015（9）：56-57.

[131] 张祺，李杭州. 中小学机器人教育的问题与对策[J]. 教育信息技术，2014（9）：3-6+17.

[132] 李欣. 通过机器人教育探索人才培养新模式[J]. 中国信息技术教育，2014（4）：89.

[133] 钟柏昌. 中小学普及机器人教育可行吗[J]. 中小学信息技术教育，2014（1）：41.

[134] 刘丹，刘凤娟. 信息化环境下幼儿教师信息素养的研究[J]. 中国教育信息化，2014（10）：58-61.

[135] 卢燕，赵晓声. 中小学机器人教育的现状与对策[J]. 中小学信息技术教育，2011（11）：35-37.

[136] 王海芳，李锋，任友群. 关于中小学机器人教育的思考与分析[J]. 全球教育展望，2009，38（4）：81-84.

[137] 张国民，张剑平. 我国基础教育中机器人教育的现状与对策研究[J]. 现代教育技术，2008（5）：92-94.

[138] 王益，张剑平. 美国机器人教育的特点及其启示[J]. 现代教育技术，2007（11）：108-112.

[139] 王益，张剑平. 在机器人教育中提升学生的科学素养[J]. 中国教育信息化，2007（18）：34-36.

[140] 张清能. 中小学机器人竞赛现状以及存在的问题[J]. 知识窗（教师版），2015（8）：18.

[141] 钟柏昌，张禄. 我国中小学机器人教育的现状调查与分析[J]. 中国电化教育，2015（7）：101-107.

[142] 辛涛，姜宇，林崇德，等. 论学生发展核心素养的内涵特征及框架定位[J]. 中国教育学刊，2016（6）：3-7+28.

[143] 张鹏飞. 基于核心素养的中学课堂教学变革研究[D]. 西安：陕西师范大学，2017.

[144] 苏弘扬. 旨向核心素养的超越式教学法研究[D]. 长春：吉林大学，2017.

[145] 干国胜. 教育机器人的设计与应用研究[D]. 武汉：华中师范大学. 2004.

[146] 张瑞芳. 西安市中学机器人教学的开设现状与发展对策研究[D]. 西安：陕西师范大学，2016.

[147] 李婷婷，钟柏昌. 中小学机器人教育的核心理论研究——论实验模拟型教学模式[J]. 电化教育研究，2017，38（9）：96-101.

[148] 钟柏昌. 中小学机器人教育的核心理论研究——机器人教学模式的新分类[J]. 电化教育研究，2016，37（12）：87-92.

[149] 汪基德，朱书慧，张琼. 学前教育信息化的内涵解读[J]. 电化教育研究. 2013（7）：29-34.

[150] 王少杰. 区域基础教育信息化发展评估系统的开发与应用研究[D]. 武汉：华中师范大学，2017.

[151] 大卫·安德森，季娇. 从 STEM 教育到 STEAM 教育——大卫·安德森与季娇关于博物馆教育的对话[J]. 华东师范大学学报（教育科学版），2017，35（4）：122-129+139.

[152] 赵慧臣，陆晓婷. 开展 STEAM 教育，提高学生创新能力——访美国 STEAM 教育知名学者格雷特·亚克门教授[J]. 开放教育研究，2016，22（5）：4-10.

[153] 郭柏林，孙志远. "变"与"不变"：人工智能挑战下的高师院校师范生培养[J]. 教育评论，2019（3）：115-120.

[154] 朱永海，张新明. 论"教育信息生态学"学科构建[J]. 电化教育研究，2008（7）：84-89.

[155] 何克抗. 如何贯彻落实《教育信息化 2.0 行动计划》的远大目标[J]. 开放教育研究，2018，24（5）：11-22.